Uruwashi
O ESPÍRITO DO JUDÔ

Volume
3

"A natureza humana é constituída de vários atributos, muitas vezes conflitantes entre si. O equilíbrio é a meta final e precisa ser alcançado todos os dias. O guerreiro é também um homem de paz, assim como o pacífico é um homem de guerra – um não vive sem o outro. Aquele que segura no quimono também empunha a caneta. Não apenas derruba seus adversários, mas lhes entrega a mão para que se reergam e erige, com palavras, edifícios de conhecimento... *Uruwashi* era o termo que os samurais usavam para definir esse estado de espírito, de equilíbrio interior entre o guerreiro e o artista que vivem dentro de cada um de nós. *Uruwashi* é a palavra que melhor define esta obra."

Wagner Hilário — Jornalista, escritor, aluno de judô do sensei Rioiti Uchida e colaborador da Editora Évora.

Rioiti
Uchida

Rodrigo
Motta

Uruwashi
O ESPÍRITO DO JUDÔ

Volume
3

A história, os valores,
os princípios e as técnicas
da arte marcial

generale

Presidente

Henrique José Branco Brazão Farinha

Editora

Cláudia Elissa Rondelli Ramos

Preparação de texto

Gabriele Fernandes

Revisão

Ariadne Martins

Projeto gráfico de miolo

Bruno L. de P. Zago

Diagramação

Know-how editorial

Capa

Luiz Lavos

Imagem de capa e miolo

Biô Barreira

Impressão

BMF Gráfica

Rua Sergipe, 401 – Cj. 1.310 – Consolação

São Paulo – SP – CEP 01243-906

Telefone: (11) 3562-7814/3562-7815

site: http://www.evora.com.br

E-mail: contato@editoraevora.com.br

DADOS INTERNACIONAIS DE CATALOGAÇÃO NA PUBLICAÇÃO (CIP)

(Câmara Brasileira do Livro, SP, Brasil)

U17u
    Uchida, Rioiti.
      Uruwashi: o espírito do judô / Rioiti Uchida, Rodrigo
Paulo : Évora, 2018.
      216 p. : il. ; 21cm x 28cm.

      Inclui bibliografia.
      ISBN: 978-85-8461-193-5

      1. Esportes. 2. Judô. I. Motta, Rodrigo. II. Título.

                                     CDD 796.8152
2018-1559   CDU 796.853.23

Elaborado por Vagner Rodolfo da Silva - CRB-8/9410

Índice para catálogo sistemático:

1. Esportes : Judô 796.8152
2. Esportes : Judô 796.853.23

Educação,
não há nada maior no mundo.
A educação moral de uma pessoa se estende a 10 mil pessoas.
A educação de uma geração se expande por uma centena de gerações.

Jigoro Kano

Dedico este livro, antes de tudo, ao judô, que me deu direção e cujos valores e princípios ecoaram em meu íntimo desde o "primeiro encontro". Dedico-o aos mestres que o judô me deu, referências no tatame e fora dele; aos meus alunos, com os quais sempre aprendo ao ensinar; e à minha família, minha maior fonte de estímulo.

Rioiti Uchida

Ao meu irmão, Alfredo Guimarães Motta, que sempre praticou esportes ao meu lado. Aos meus professores de judô, jiu-jitsu e polo aquático, que desenvolveram minhas habilidades e meu interesse pela prática esportiva. Em especial, ao meu professor Rioiti Uchida. E aos meus amados filhos, João Abade de Paula Motta e Antonio Bento de Paula Motta, a quem desejo uma trajetória longa e vitoriosa na vida e nos esportes.

Rodrigo Guimarães Motta

Agradeço à minha esposa, Yischie Yamaguti Uchida, pelo companheirismo, suporte e pela compreensão ao longo de todos esses anos de amor e dedicação mútua. Aos meus filhos, Wagner Tadashi Uchida e Roger Tsuyoshi Uchida, ricos frutos desse encontro e solo fértil para os valores e os princípios do judô, homens dos quais já me orgulho.

Se agradeço aos filhos, não posso deixar de agradecer aos "pais-mestres", Mario Matsuda, Chiaki Ishii e Massao Shinohara, que o judô me deu e que me ensinaram o que realmente importa nas artes marciais e na vida. Agradeço também ao meu companheiro de kata e conquistas, Luis Alberto dos Santos.

Agradeço ainda aos alunos da Associação de Judô Alto da Lapa (Ajal), em especial a Rodrigo Guimarães Motta, grande incentivador deste e de outros projetos que engrandecem o esporte e todos que o amam, e a José Fernandez Diaz, o Pepe, presidente e fundador da Ajal, o alicerce de uma instituição que preza por disseminar o judô em toda a sua grandeza técnica e moral.

Tão importante quanto as famílias, de sangue e judô, são as grandes entidades, responsáveis por zelar e fortalecer essa arte marcial secular, de forma institucional. No Brasil, esse trabalho tem sido feito de maneira ímpar pela Confederação Brasileira de Judô (CBJ) e pelas federações estaduais.

Posso falar e agradecer, com mais propriedade, à Federação Paulista de Judô (FPJUDO), em nome do presidente Alessandro Panitz Puglia e de seu presidente de honra Francisco de Carvalho Filho (Chico do Judô), que tem realizado, pelos judocas do estado, trabalho digno de elogio e nota.

À CBJ, em nome do ex-presidente Paulo Wanderley Teixeira e do atual presidente Silvio Acácio Borges, dedico meus últimos, mas não menos importantes agradecimentos. O emprenho da entidade por fortalecer e disseminar o kata, não apenas nacionalmente, mas em toda a pan-América, permite popularizar a essência desse esporte e, assim, contribuir para a sua expansão, sem romper com suas ricas raízes.

Rioiti Uchida

Este livro demandou muito trabalho para ser feito. Estudo prático e teórico, sessões fotográficas, revisões de conteúdo. Tudo isso para atender ao desafio proposto aos autores: escrever o melhor livro sobre judô já publicado no Brasil. De certa forma, ele começou a ser desenvolvido quando os autores se iniciaram na prática do judô, décadas atrás. Agora chega o momento de lançá-lo, e é necessário agradecer a todas as pessoas que contribuíram direta e indiretamente para sua confecção.

Agradeço em primeiro lugar aos meus familiares, que sempre incentivaram, participando ou, pelo menos, aceitando as longas horas de prática esportiva em geral e do judô em particular: José Alves Motta (*in memoriam*), Edith Martins Motta (*in memoriam*), Aldo Rodrigues Samarão Guimarães (*in memoriam*), Lais de Barros Monteiro Samarão Guimarães (*in memoriam*), Aldo Rodrigues Samarão Guimarães Filho (*in memoriam*), Ivan Martins Motta, Maria Alice de Barros Monteiro Samarão Guimarães (*in memoriam*), Alfredo Guimarães Motta, Sintya de Paula Jorge Motta, João Abade de Paula Motta e Antonio Bento de Paula Motta.

Agradeço também aos meus mestres no esporte: José Alexandre de Meyer Pflug (*in memoriam*), José Fernandes Lechner (*in memoriam*), Armando Luis Lechner (*in memoriam*), Max Trombini, Chiaki Ishii e Rioiti Uchida. E reconheço todos os meus companheiros de equipe na Sociedade Harmonia de Tênis, Associação de Judô Ishii, Associação Atlética Acadêmica Getúlio Vargas, Associação de Judô Alto da Lapa,

Associação de Grand Masters e Kodanshas de Judô do Brasil, Instituto Camaradas Incansáveis (ICI), e de todos os demais locais onde treinei ou competi ao longo dos anos – representando a todos, o meu muito obrigado aos camaradas incansáveis, representados pelo Bahjet Hayek, Cristian Cezário e Sérgio Roberto Caldas Júnior.

Meus agradecimentos vão ainda a todos aqueles que estiveram envolvidos no projeto deste livro: Henrique Farinha, Eduardo Meirelles, Biô Barreira, Bruno L. de P. Zago, Cláudia E. Rondelli, Luiz Lavos, Wagner Hilário, Wagner Tadashi Uchida, Roger Tsuyoshi Uchida, Aline Akemi Lara Sukino e Luis Alberto dos Santos.

Rodrigo Guimarães Motta

DEPOIMENTO

Os mestres, quando verdadeiros, fazem muito mais do que dar aulas e ensinar. São exemplos de pessoas e de vida, apontam caminhos a trilhar, moldam personalidades admiráveis, fortalecem princípios e valores, são luzes para a mente e o coração de crianças, adolescentes e adultos.

Assim tem sido o sensei Rioiti Uchida, com o auxílio de seus alunos, entre os quais, de forma destacada, Rodrigo Motta. Ao longo de sua caminhada, tem formado mais do que atletas; tem formado pessoas. Com seus ensinamentos baseados na teoria do judô, tem semeado ética, disciplina, solidariedade, respeito e generosidade.

Admirados por todos pela dedicação e por suas conquistas, Uchida e Rodrigo não se cansam de fazer cada vez mais e melhor. Um exemplo disso é esta obra, que, de forma objetiva e clara, auxilia a todos na compreensão do judô e, especialmente, na compreensão de um de seus aspectos mais importantes, embora ainda pouco reconhecido e apreciado: o kata.

Junto com seu companheiro de treinamento e de competições de kata Luis Alberto dos Santos, cujos elogios aqui feitos a Uchida e Rodrigo também lhe cabem perfeitamente, a contribuição do sensei Uchida para o aprimoramento técnico do kata tem sido excepcional. É consenso entre todos que vivem no mundo do judô que, para alcançar níveis de excelência técnica, é fundamental passar pelas mãos dos senseis Uchida e Luis Alberto.

Este livro reforça e enfatiza a divulgação de seus ensinamentos, tornando-os mais acessíveis. E, de forma estruturada e de fácil entendimento, pode-se aprender os fundamentos do verdadeiro judô. É leitura obrigatória, sobretudo para faixas-preta e coral (kodanshas) que se dedicam a aprimorar o kata. É um registro vivo para as atuais e as futuras gerações.

A Rodrigo Motta e a sensei Uchida, nosso eterno mestre, agradeço a oportunidade que me proporcionam. Fazer parte de suas trajetórias através deste depoimento me honra e me deixa muito feliz. Em meu nome e em nome de todos que, em algum momento, desfrutaram das suas convivências e de seus conhecimentos: muito obrigado!

Massao Shinohara
É o único judoca brasileiro e um dos poucos no mundo que possui o grau máximo do judô, o 10º dan. O título lhe foi conferido pelo Kodokan em novembro de 2017, quando o mestre tinha 92 anos de idade. Shinohara é responsável por formar alguns dos maiores judocas do país, como o primeiro campeão olímpico da história do judô nacional Aurélio Miguel. Filho de imigrantes japoneses, Shinohara cresceu em Embu das Artes, cidade da região metropolitana de São Paulo. Começou a praticar judô aos 15 anos de idade, em 1940, e, desde cedo, destacou-se pela qualidade técnica e pela facilidade com que sua personalidade se adaptou às exigências, aos princípios e aos valores da arte marcial.

SUMÁRIO

INTRODUÇÃO

Uruwashi é, possivelmente, a obra mais completa já produzida em língua portuguesa a respeito do judô. Ela se destina a inúmeros públicos, constituindo referência filosófica e técnica a praticantes e fonte de consulta e de entendimento da arte marcial a curiosos e estudiosos do tema, além de cumprir a função de "porta de entrada" às pessoas que querem enveredar por esse riquíssimo "caminho suave"[1]. A obra se divide em três volumes, sendo este o último.

No primeiro, os autores Rioiti Uchida e Rodrigo Guimarães Motta apresentam ao leitor o judô: seu fundador, a cultura que o inspirou, os pilares conceituais sobre os quais se ergueu, como se desenvolveu no Japão e como conquistou o mundo. Também no volume 1, o leitor encontra os movimentos básicos do judoca, as saudações, as etiquetas, os cinco grupos básicos de golpes de projeção (gokyo), as sequências de técnicas e o primeiro dos seis kata, o nage-no-kata.

No segundo volume, conta-se a história do judô no Brasil, revelando alguns de seus mais eminentes personagens. Também é mostrado os aspectos elementares do ensino da arte, que contempla temas como a estrutura básica de uma aula e as especificidades que precisam ser consideradas ao ensinar judô para diferentes perfis etários. No plano técnico, este livro traz inúmeras técnicas de kaeshi-waza (contragolpes), katame-waza e ainda dois dos seis kata elaborados por Jigoro Kano: o katame-no-kata e o kime-kata.

Para finalizar a trilogia, este último volume apresenta o que se convencionou chamar, na obra, de "aspectos fundamentais do judô", o qual compreende o papel do esporte como recurso de defesa pessoal; as regras básicas e a importância das competições na formação não apenas de atletas, mas de seres humanos; o valor pedagógico da graduação; e o valor disciplinar e histórico das etiquetas do judô.

Do ponto de vista técnico, o terceiro volume traz o extragokyo, conjunto de golpes que foram desenvolvidos em paralelo ao gokyo e ao longo da evolução histórica do judô. Inclui, ainda, o conjunto de "passagens" básicas da arte marcial, técnicas de preparação para aplicar estrangulamentos, imobilizações ou chaves em articulações. Finalmente, apresenta mais três kata: ju-no-kata, koshiki-no-kata e kodokan-goshin-jitsu.

Aos que já leram os dois volumes anteriores, talvez essa introdução, como chamariz, seja desnecessária, pois já sabem a qualidade do que encontrarão nas páginas de qualquer um dos volumes de Uruwashi. Mas, aos que não leram, que esta introdução os anime a ler não apenas este, mas todos os outros tomos. Afinal, embora sejam três livros, todos trazem a mesma essência e visam ampliar, cada qual com sua particularidade, a visão sobre o judô – esse esporte secular, mas de raízes milenares.

---

[1] Tradução livre da palavra "judô": "ju" (suave) e "dô" (caminho).

CAPÍTULO 1

ASPECTOS FUNDAMENTAIS DO JUDÔ

Podemos definir competição, etiqueta, graduação e defesa pessoal como aspectos essenciais do judô. De certa maneira, este capítulo complementa e se aprofunda em aspectos que foram tratados também nos livros anteriores, como no caso da competição, cujo papel educativo já foi abordado com bastante destaque.

Os demais aspectos foram tangidos, de forma extremamente, quando falamos dos valores disseminados pelo esporte. Isso porque, como também fizemos questão de enfatizar anteriormente, não apenas a competição exerce um papel crucial na constituição do caráter dos judocas. O critério utilizado para elevar a graduação do judoca, por exemplo, tem relevância enorme nesse sentido. Assim como as próprias etiquetas do judô, cujo exercício diário funciona como uma espécie de materialização dos princípios e valores da arte marcial, já que cada movimento tem significado e razão de ser, estão visceralmente ligadas ao ensino do esporte.

No que diz respeito à defesa pessoal, é fundamental rememorarmos que o judô, advindo de outras artes marciais samurais, nasce como modelo de luta cujo principal propósito é a autodefesa, conservando valores e princípios de conduta que se tinham perdido com o fim da Era Edo. Acreditamos que, mesmo com toda a projeção do judô como modalidade esportiva, a maioria das pessoas nos dias de hoje seja capaz de identificá-lo, igualmente, como eficaz ferramenta de defesa pessoal.

Defesa pessoal

Embora em sua gênese a defesa pessoal fosse um dos principais propósitos, senão o principal objetivo do judô, o curso do tempo relegou esse aspecto a um plano secundário. De fato, para conseguir a notoriedade de que hoje desfruta, o judô teve de se mostrar útil em combates reais, em que a vida dos contendores estava em risco. Apesar de esse tema ser tratado neste livro, é indispensável observarmos que o treinamento do judô atualmente não contempla – ao menos não de forma direta – a autodefesa.

É evidente que toda a estrutura do judô tem como raiz a defesa pessoal e que o praticante da arte estará infinitamente mais habilitado para defender-se com sucesso do que o sujeito que não pratica nenhuma espécie de arte marcial. Contudo, nas primeiras décadas de sua existência, essa faceta era objeto de treinos, talvez até numa proporção maior do que a verificada hoje em relação ao judô competitivo. Prova disso são os kata e, em especial, o kime-no-kata, uma clara simulação de combate entre um homem desarmado contra outros armados.

Decerto, o randori, à ocasião dos primeiros anos de existência do judô, não tinha como principal propósito preparar o judoca para um embate contra outro judoca, como acontece hoje, mas justamente prepará-lo para enfrentar um inimigo disposto a dar cabo de sua vida ou simplesmente humilhá-lo, derrotando-o e mostrando sua superioridade sobre o oponente.

> É provável que o abandono a que foi relegada a defesa pessoal dentro do judô venha da própria condição educacional dessa luta. A conscientização que o judoca vai adquirindo à medida que avança nos conhecimentos filosóficos e firma-se nos conceitos morais e espirituais faz com que diminuam consideravelmente as possibilidades de um confronto real, tornando praticamente desnecessário o treinamento especializado. O tempo e a energia que seriam gastos com as técnicas de defesa pessoal encontram melhor uso na preparação para competições esportivas, mais adequadas à filosofia do judô.[1]

---

[1] Virgílio, S. *A arte do judô*. 3. ed. Porto Alegre: Rígel, 1994. p. 130.

A explicação de Virgílio sobre o arrefecimento do judô como modalidade de autodefesa e seu fortalecimento como modalidade esportiva é corroborada pelo fato de o mundo ter sofrido fortes transformações. Se a beligerância no período feudal japonês era vista com bons olhos e era altamente valorizada e incutida, sobretudo nos meninos, desde a tenra infância – e de certa maneira essa mentalidade resistiu por algum tempo mesmo depois da Restauração Meiji –, com o passar dos anos, qualquer espécie de violência passou a ser considerada pelo mundo moderno como demonstração de atraso civilizacional. No Japão não foi diferente.

> Apesar de tudo, o Kodokan decidiu reintegrar a defesa pessoal no ensino do judô sob a forma de kata, mantendo assim a tradição e o conjunto de técnicas sem alterar sua filosofia pacifista. Seria realmente lamentável se técnicas que deram confiabilidade, projeção, beleza e eficiência ao judô fossem perdidas e esquecidas, mesmo sem terem hoje a utilização efetiva que já tiveram no Japão, no mundo e mesmo no Brasil.[2]

Essa questão, até certo ponto, contempla e reforça a ideia – da qual somos defensores – de que os kata condensam em si a raiz do judô. Conforme escrevemos no princípio deste subcapítulo, inúmeros kata consistem em técnica de defesa pessoal. Assim como citamos o kime-no-kata, vale citar também o goshin-jutsu e o koshiki-no-kata:

> Kime-no-kata: formas fundamentais de combates reais e, naturalmente, um kata de defesa pessoal, com técnicas adequadas ao momento histórico vivido por Jigoro Kano. Observa-se, por exemplo, uma série de técnicas que se inicia com os adversários ajoelhados (os japoneses realizavam suas refeições e reuniões de joelhos). Seu domínio é essencial para se chegar ao 4º Dan.
>
> Koshiki-no-kata: forma antiga, já praticada no jujutsu, e que remete à luta entre samurais fazendo uso de armadura.
>
> Goshin-jutsu: sintetiza os melhores instrumentos de defesa pessoal do judô e também do aikido, do caratê e de outras artes marciais. Seu domínio é essencial para se chegar ao 5º Dan.[3]

Apesar de, como se leu nas referências aqui citadas, a defesa pessoal ter perdido relevância no ensino do judô, é possível afirmar que a técnica de autodefesa desenvolvida pela arte marcial fundada por Jigoro Kano é uma das mais completas, senão a mais completa. Também por meio da citação anterior o leitor constata que alguns dos kata elaborados pelo Kodokan contemplaram outras formas de arte marcial, como o aikido e o caratê. Essa interdisciplinaridade confere às técnicas empregadas uma abrangência importante. Chama atenção, por exemplo, o fato de os kata do judô contemplarem lutas envolvendo mais de um adversário, que se iniciam com os oponentes sentados e combates de solo.

Competição

A competitividade faz parte da natureza humana e está por trás de inúmeros avanços em nossa civilização. O próprio sensei Jigoro Kano reconhecia a importância do adversário para o desenvolvimento das pessoas e das sociedades. De forma sumarizada, podemos dizer que a competição é o momento em que nos colocamos à prova, em que aperfeiçoamos nossa capacidade de superar desafios. É também por meio da competição que ideias se expandem, que feitos se alastram e disseminam algo maior do que a competição em si. Não fosse pela competição, o judô não teria a abrangência e a popularidade de que hoje desfruta.[4]

---

[2]   Virgílio, S. *A arte do judô*. 3. ed. Porto Alegre: Rígel, 1994. p. 133.

[3]   Associação de Judô Alto da Lapa. Kata: A raiz do judô. Disponível em: <http://www.judoaltodalapa.com.br/kata.html>. Acesso em: 29 jan. 2018.

[4]   Franchini, E. *Judô*. São Paulo: Odysseus, 2008.

Pode-se dizer, até pelo fato de ter sido a primeira arte marcial oriental a alcançar o status de esporte olímpico, que o judô é, dentre as modalidades esportivas da mesma natureza, uma das mais organizadas em termos de competição – se não a mais –, tanto do ponto de vista nacional quanto internacional. Com o número de praticantes que tem, não poderia ser diferente. No Brasil, o esporte é praticado em todos os estados, e, para que haja uma disputa nacional – o cobiçado Campeonato Brasileiro de Judô –, competições estaduais são realizadas com a intenção de selecionar os melhores colocados das 26 unidades da federação.

Em boa parte dos estados, em virtude da extensão dos territórios, antes da realização do estadual ocorrem competições regionais (às vezes em mais de uma etapa).

Vale observar que em território paulista as competições oficiais entre os seniores atualmente têm duas divisões. A separação se dá com base em critério único: acima de faixas-roxas não podem lutar na segunda divisão, pois essa é reservada a atletas que estão na faixa verde ou abaixo dela. Contudo, na primeira divisão não há restrição por faixa. Embora não seja recomendável, se um faixa-branca quiser disputar uma competição na primeira divisão, tem esse direito.

Embora as nomenclaturas mudem com frequência, por isso não seria inteligente detalhá-las nesta obra, é possível dizer que, no judô, há inúmeras formas de categorizar e que toda a categorização segue dois critérios que são, invariavelmente, combinados: faixa etária e peso. Assim, vai-se de sub 9 até veterano e, mesmo entre os veteranos, existem subdivisões. Para cada faixa etária, há divisões específicas por peso, que vão desde os mais leves até os mais pesados.

É importante frisar que entre os atletas da classe adulta (seniores) as competições internacionais ganharam bastante relevância, mesmo as realizadas anualmente, porque o critério de seleção dos atletas para as Olimpíadas – sem dúvida a maior competição do esporte – mudou. Em vez das seletivas, que aconteciam até as Olimpíadas de Atenas, em 2004, agora existe um ranking internacional, e o atleta que estiver mais bem posicionado na sua respectiva categoria-peso será o escolhido para representar o país na grande competição. Por isso, quão melhor for seu desempenho em competições mundo afora, maiores serão suas chances de ser o melhor ranqueado do país.

Para finalizar este subcapítulo, já que estamos falando de competição, vale reproduzir um curto mas profundo e contundente trecho do livro *The Canon of Judo*, escrito por uma das maiores lendas da arte marcial, Kyuzo Mifune, acerca do espírito de um competidor, que em nada deve se diferenciar do espírito de um judoca:

> Na competição do judô, o praticante deve ser resoluto, como se aquilo fosse uma questão de vida ou morte, mas sem que evolua para algum tipo de violência. Ser uma questão de vida ou morte não significa simplesmente viver ou morrer. A atitude que o estudante deve perseguir é dar o máximo de si, sem com isso buscar a sua morte ou a de seu semelhante, já que essa abordagem é ultrapassada, oriunda de noções militares românticas.
>
> Basho (1644-94), o mais famoso poeta haiku, é o admirado fundador desse tipo de atitude. Viajou por todo o Japão durante sua vida. No leito de morte, numa velha estalagem no interior, um estudante pediu a ele para compor um último verso. Basho respondeu que todos os versos que compôs em sua vida podem ser considerados como últimos, então ele não precisava compor mais um.
>
> [...] Não há arrependimento em vencer ou perder, como está escrito no lema do Kodokan: "Use sua energia para o melhor – esse é o verdadeiro significado do judô". Logo, se sua vontade não possuir intenção e sinceridade, você tem razão para se arrepender. Para conquistar a vitória, a intenção deve ser clara e resoluta, baseada na razão, sem covardia ou intenções maléficas. Assim o perdedor vai aprender quais são suas fraquezas, e isso o estimulará a estudar ainda mais, enquanto o vencedor certamente vai se dedicar para dominar os mistérios do judô.

Adquirir uma mente e um corpo ágil, veloz e suave por meio do treinamento sério: isso vai melhorar o seu uso de energia, aumentar a sua percepção da razão e aprofundar o seu conhecimento sobre a humanidade.[5]

Regras básicas de competição

As regras de competição são outro campo do judô extremamente suscetível a mudanças. Nos últimos anos, foram feitas inúmeras alterações nas regras, sempre com o propósito de proteger os judocas e/ou tornar as lutas mais interessantes ao público espectador. Por isso, vamos limitar este trecho às regras que têm sido preservadas ao longo dos anos.

Áreas

- *Área de competição* (área de combate + área de segurança): 14 m × 14 m ou até 16 m × 16 m.
- *Área de combate*: 8 m × 8 m ou até 10 m × 10 m – quadrilátero interno, onde se inicia o combate e onde a luta deve transcorrer.[6]
- *Área de segurança*: três metros no mínimo – espécie de área de escape que deve envolver as áreas de combate.

Equipamentos

Organizar uma competição exige inúmeros equipamentos, de mesas, cadeiras a cronômetros, placares (atualmente eletrônicos), dispositivos sonoros para marcar tempo etc. Porém vamos nos restringir aos "equipamentos" fundamentais para o judoca competidor, que são:

- *Judogi azul e branco*;
- *chinelo*.

Duração do combate

A duração de uma luta de judô não é padrão, varia conforme a faixa etária dos judocas e, recentemente, tem sofrido alterações. Até 2016, por exemplo, as lutas de competições oficiais entre seniores duravam até cinco minutos mais o Golden Score. Porém, a partir de 2017, passou a durar quatro minutos mais o Golden Score, como já ocorria no judô feminino.

O próprio Golden Score, que consiste em os atletas lutarem o tempo que for necessário até que algum deles faça o primeiro ponto, vencendo assim o combate, tem passado por alterações e, por isso, é impossível estabelecer uma regra definitiva.

Pontuações

Até o início dos anos 2000, havia quatro tipos de pontuações no judô, mas na esteira das mudanças, o esporte competitivo passou a ter três tipos e, desde meados da década de 2010, passou a ter duas pontuações diferentes:

- *Wazari*: quando a técnica é aplicada, mas não chega a ser perfeita.
- *Ippon*: quando o golpe é considerado perfeito pela arbitragem.

---

[5]   Mifune, K. *The Canon of Judo*: Classic Teachings on Principles and Techniques. Tokyo: Kodansha International, 2004, p. 25.

[6]   A disputa deve acontecer na área de combate, incluindo a área de risco. Assim, é importante lembrar que só são válidos os golpes aplicados dentro do limite dessa marcação. Caso um dos adversários esteja fora da área de combate, mas o outro tenha pelo menos um dos pés dentro, qualquer um deles que aplique o golpe com sucesso receberá a pontuação condizente. O golpe só será invalidado caso sua aplicação se dê depois que ambos estejam inteiramente fora da área de combate e de risco. Em caso de osaekomi, a regra é similar, só vale se parte do corpo de um dos judocas estiver dentro dos limites preestabelecidos.

Etiquetas do judô

Antes de iniciar este subcapítulo, é fundamental esclarecermos que a palavra "etiqueta" nesse caso precisa ser entendida de forma mais ampla. Um bom sinônimo talvez fosse "conduta" – embora acreditemos que a palavra "etiqueta" seja realmente a mais apropriada –, já que diremos como deve se comportar o judoca, sobretudo no ambiente do judô. Como já escrevemos anteriormente e de forma breve, as etiquetas no judô não têm mero efeito estético, são verdadeiras ilustrações dos valores e dos princípios do esporte em certos momentos, e, em outros, têm finalidade técnica, de modo a evitar lesões ou tornar mais eficaz uma técnica.

Vale reforçar que o indivíduo só desenvolve uma noção mais prática das etiquetas do judô praticando-o. Afinal, judô se aprende no tatame. Mesmo este subcapítulo não tem como objetivo deslindar todas as etiquetas concernentes à sua prática, mas tratar daquelas que têm, sobretudo, a função de reforçar os valores do esporte que, assim como as técnicas, precisam ser periodicamente praticados.

Assim, podemos dizer que a primeira lição do judô é justamente uma etiqueta, embora o aprendiz menos atento possa não enxergar dessa forma. Nós, neste texto, algumas vezes colocamos a queda como primeira lição. Sem dúvida, é a primeira lição técnica, mas não a primeira lição dentre todas, e de todas as naturezas. Essa primazia não lhe cabe, pois ela diz respeito justamente ao cumprimento, à saudação obrigatória que todo judoca precisa fazer à área de treino – o tatame propriamente dito – antes de adentrá-la. Isso porque, provavelmente no primeiro dia, ele ainda não sabe que antes de entrar no ginásio é importante que também faça saudação à própria academia, ou dojo, no japonês, idioma que confere à palavra um quê de sagrado, em virtude do valor cultural das artes marciais para o povo nipônico.

Tais cumprimentos são geralmente feitos por meio da saudação denominada de ritsurei. O mesmo cumprimento é feito ao professor, assim que se pisa no tatame. Aliás, uma regra de etiqueta do judô que não pode ser negligenciada é justamente a primeira saudação ao sensei. Depois que saudou o dojo, dirigiu-se ao vestiário, vestiu o judogi branco, foi para a aula e saudou o tatame antes de adentrá-lo, você deve imediatamente dirigir-se ao seu sensei e saudá-lo. Só após todo esse procedimento poderá se dirigir aos colegas de treino e cumprimentá-los. A saudação ao sensei também pode ser feita com outra postura, o seiza, usual quando o professor, por alguma razão, encontra-se sentado ou de joelhos, justamente porque o cumprimento, nesse caso, é feito de joelhos.

Depois de realizar a primeira etapa das saudações, os atletas se alinham em seiza e por ordem de faixa; todos de frente para o sensei e para a imagem de Jigoro Kano, colocada na parede frontal à entrada do dojo e do tatame. Sob a voz de comando do aluno mais graduado da academia presente na aula (senpai), que diz "*Shomen-ni, rei*" ("Cumprimentem a autoridade máxima", no caso representada pela imagem do sensei Jigoro Kano), os judocas, inclusive o sensei, que só nesse instante dá as costas aos alunos, cumprimentam o shomen em silêncio. Depois, o sensei se volta aos alunos e, novamente sob a voz de comando do senpai, com "*Sensei-ni, rei*", os judocas cumprimentam o sensei, que retribui. Então, todos dizem, inclusive o sensei: "*Onegaishimasu*" ("Por favor, me ensine").

Daí em diante, o sensei dá as ordens e as atividades físicas começam. Cabe observar o valor que esses procedimentos introdutórios têm, sobretudo se o significado desse ritual, que se repete em todos os treinos, for compreendido pelos alunos. A tradução da expressão "*onegaishimasu*", que não é dita apenas nesse momento, mas sempre que se pretende convidar um companheiro para fazer alguma atividade conjunta, seja randori, newaza, exercícios físicos ou qualquer outro de ordem técnica que demande auxílio de colegas, é emblemática. "Por favor, me ensine" é um termo que não tem hierarquia, e isso num esporte que zela (e muito) por ela. O judô deixa claro que o iniciante deve obediência ao professor e ao senpai. Contudo, "*onegaishimasu*" mostra outra faceta, a de que mesmo os senpai e os sensei estão sempre aprendendo com os kohai – menos graduados.

Aliás, a relação entre senpai e kohai é um dos princípios mais importantes do judô. É como deveria ser a relação entre os anciões e os jovens, ou simplesmente entre os mais velhos e os mais novos. A lógica aqui é a do tempo: quanto mais tempo de judô, mais graduado será o praticante e mais conhecimento ele terá sobre a disciplina. Assim, cabe ao kohai dar sempre preferência – durante o uchikomi, o senpai é o primeiro a exercitar a técnica – aos conselhos e obedecer às ordens do senpai. Nada impede que o kohai discorde do senpai e expresse seu ponto de vista, mas jamais deve entrar em atrito com ele. Quando o assunto é judô, é certo que o senpai terá razão na maior parte das divergências, o tempo geralmente assegura isso.

É evidente que o senpai não pode abusar da respeitabilidade conquistada pelos anos de prática e pelo conhecimento que proporciona ao kohai. Aliás, se ele realmente quiser ser admirado e quiser que seu conhecimento seja desejado e procurado pelos kohai, precisa mostrar-se digno do status que possui, precisa mostrar que mereceu chegar aonde chegou. Para ser respeitado como senpai que é, deve respeitar também o kohai, em outras palavras. A relação entre senpai e kohai é uma via de mão dupla; quando ambos cumprem com os papéis que lhes são designados, o dojo será um ambiente harmonioso e profícuo.

Geralmente, esse clima de harmonia depende da autoridade máxima de um dojo, o sensei. A tradução literal da palavra "*sensei*" é "aquele que nasce primeiro". A mesma postura que o kohai tem de ter em relação ao senpai todos os judocas terão de ter em relação ao sensei, o qual por sua vez deverá demonstrar igual respeito e consideração exigida do senpai em relação ao kohai, de modo que seja merecedor da autoridade que possui sobre todos os judocas.

Só dessa maneira será possível, ao fim da aula, que todos se alinhem satisfeitos e por ordem de faixa para, mais uma vez sob o comando do senpai da turma, que dirá "*Mukuso*" (ordem para a meditação), prestar, em seiza e de olhos fechados, alguns segundos de meditação em agradecimento pela oportunidade de treinar judô e usufruir da companhia dos amigos. Depois, repete-se o ritual de agradecimento ao shomen e ao sensei, só que, dessa vez, não se dirá "*Onegaishimasu*", mas "*Arigato gozaimasu*", termo que poderíamos traduzir como "Muito obrigado por tudo".

Graduação

A graduação no judô sempre existiu, mas se tornou mais explícita e visível quando chegou ao Ocidente. Foi na França, por volta de 1935, e da cabeça do enviado do Kodokan ao país, Mikonosuke Kawaiashi,[7] que nasceu a ideia das faixas coloridas para marcar o desenvolvimento do judoca. Isso porque para os ocidentais a ausência de um marco explícito do seu processo evolutivo na disciplina era desestimulante. Percebendo a dificuldade dos franceses em lidar com essa pouco tangível evolução, Kawaiashi desenvolveu o sistema de faixas coloridas, que serviria como metas a serem atingidas para se chegar à faixa preta. No Japão, o sistema é diferente. Antes da preta, há apenas a branca e a marrom.[8]

---

[7]   Virgílio, S. *A arte do judô*. 3. ed. Porto Alegre: Rígel, 1994.

[8]   Franchini, E. *Judô*. São Paulo: Odysseus, 2008.

De qualquer maneira, seja pelo método japonês ou pelo ocidental, os estágios que precedem a faixa preta são denominados de kyu (graduações inferiores). A partir da preta, viram dan (graduações superiores). Dessa forma, no Japão, tradicionalmente, há apenas um kyu. No Ocidente, são mais e variam conforme a avaliação que os senseis fazem do desenvolvimento de seus alunos. Antes de alcançar a faixa preta, os judocas são considerados dangai (sem dan/graduação). Ao alcançar um dan, tornam-se yudansha, que significa, exatamente, "faixa preta" (tem dan).

O título de yudansha acompanha o judoca até o quinto dan. A partir do sexto, ele passa a ser chamado de kodansha (alta graduação) e se distingue por usar uma faixa rajada de vermelho e branco. Embora o título de kodansha seja o último, o judoca pode seguir se graduando até o décimo dan. A partir do nono, ele passa a usar uma faixa vermelha.

A graduação é de suma importância e, no judô, kyu e dan são conquistados conforme o conhecimento técnico adquirido e a prática dos valores e princípios da arte marcial. Dificilmente um sujeito chegará a kodansha se não contribuir com a sociedade a que integra com a máxima eficiência possível. O sujeito que atinge tal graduação, mais do que um exímio lutador, tem de ser um exímio ser humano. Tornar-se um kodansha é difícil, mas tornar-se décimo dan, graduação mais elevada a que se pode chegar, é ainda mais. No Brasil, até 2018, apenas um judoca havia conseguido essa distinção: sensei Massao Shinohara, que, aliás, assina o prefácio deste livro.

Porém, vale destacar, a responsabilidade que se tem para conferir o grau de kodansha a alguém não deve ser diferente da de conferir a faixa cinza. Se as promoções de faixa não forem feitas corretamente desde o início, dificilmente o iniciante chegará aonde pode chegar, mesmo que se esforce. Não por acaso, a responsabilidade de um sensei é imensa.

CAPÍTULO 2

PASSAGENS

As passagens são procedimentos desenvolvidos para que o judoca crie condições adequadas para a aplicação de determinadas técnicas de imobilização, estrangulamento e chaves em articulações.

Passagem básica de guarda (1)

1 – O tori coloca o ombro sob a perna esquerda do uke e, com a mão direita, segura a perna dele no chão.

2 e 3 – O tori segura a gola do uke com a mão esquerda, avança sobre ele, empurrando a perna direita dele para trás, de modo a dominá-la.

4 – Com a perna direita do uke vencida, o tori passa a guarda pela lateral direita do uke, sem soltar sua perna esquerda, presa rente ao chão, e sem soltar sua gola.

5 e 6 – Passada a guarda, o tori realiza o osaekomi de preferência. Neste caso, a imobilização escolhida foi o yoko-shiho-gatame.

Passagem básica de guarda (2)

1A e 1B – O tori segura as pernas do uke, abre-as, de modo a tirar-lhes a força, e passa a guarda do uke, transpondo a perna direita dele com sua perna esquerda.

2A, 3A, 2B e 3B – O tori coloca sua perna direita sobre a perna direita do uke, dominando-a, sem, contudo, soltar a mão direita da perna esquerda dele.

4A, 5A, 4B e 5B – Concluída a passagem, o tori realiza a imobilização. Neste caso, a escolha foi pelo kesa-gatame.

Passagem para ude-hishigi-juji-gatame

1 e 2 – O tori segura a gola e a faixa do uke, que está em posição defensiva, e o suspende para poder encaixar as pernas.

3 – O tori, com o braço direito, domina o braço direito do uke, suspendendo-o.

4 – Em seguida, o tori troca o braço direito pelo esquerdo no domínio do braço direito do uke, segurando na sua própria gola.

5 – O tori apoia a mão direita espalmada no solo.

6 e 11 – O tori deita-se à esquerda e, simultaneamente, coloca o pé esquerdo na cabeça do uke e aprofunda a perna direita na altura do abdômen dele.

7, 8, 9 e 12 – Depois, com a máo direita, segura a perna direita do uke e, usando a perna direita como alavanca, o braço direito para auxiliá-la e a perna esquerda para calçar a cabeça, o tori gira o uke.

10A e 10B – Para finalizar, o tori passa a perna esquerda por sobre a cabeça do uke, junta os joelhos e aplica o ude-hishigi-juji-gatame.

Passagem para hadaka-jime

1 – O tori segura a gola e a faixa do uke e o suspende para poder encaixar as pernas sob o abdômen dele.

2 – O tori envolve o abdômen do uke com ambas as pernas, unindo os calcanhares por baixo.

3A e 3B – O tori, passando os braços sob as axilas do uke, segura os braços do oponente.

4A e 4B – O tori puxa ambos os braços do uke e joga seu peso sobre as costas dele.

5A e 5B – O tori levanta a cabeça do uke com o braço esquerdo.

6 – O tori passa o braço direito pelo pescoço do uke.

7 – O tori finaliza a técnica estrangulando o uke.

Passagem para kuzure-kami-shiho-gatame

1 – O tori segura a gola e a faixa do uke e o suspende.

2 – O tori envolve o uke com ambas as pernas, unindo os calcanhares sob o abdômen.

3A e 3B – O tori segura a gola do uke com as duas mãos.

4A, 4B e 4C – O tori gira, levando o uke consigo.

5A e 5B – Completado o giro, o tori joga as pernas para trás e puxa a gola do uke para baixo, imobilizando o oponente.

Passagem para kuzure-yoko-shiho-gatame

1A e 1B – O tori segura a faixa do uke com a mão esquerda e engancha seu braço direito no braço esquerdo do uke.

2A, 2B e 2C – O tori estica a perna esquerda à frente e, simultaneamente, puxa o uke para sua diagonal esquerda.

3A e 3B – Ao posicionar o uke de costas no chão, acompanhando o giro que impôs a ele, o tori completa o movimento já com o uke imobilizado.

Passagem para tate-shiho-gatame

1A e 1B – O tori se posiciona em guarda, segura a manga e a gola direita do uke, quebra a postura de ataque dele e puxa o braço direito dele para a esquerda.

2, 5, 6 e 7 – O tori coloca o pé direito na parte interna da coxa esquerda do uke, calça a perna direita com a perna esquerda, envolve as costas dele com o braço esquerdo e o gira para a direita.

3, 4, 8 e 9 – Girando junto com o uke, o tori completa o movimento sobre o uke, já o imobilizando em tate-shiho-gatame.

Passagem para ude-garami

1 e 5 – O tori se coloca em guarda e pega o braço esquerdo do uke.

2 – Depois, o tori suspende o braço esquerdo dele, cuja mão deve estar espalmada para cima.

3A e 3B – O tori entrelaça seu braço esquerdo no braço esquerdo do uke e segura o próprio braço direito com a mão esquerda.

4A e 4B – O tori força o braço direito do uke para cima e para a sua diagonal esquerda, executando o ude-garami.

CAPÍTULO 3

JU-NO-KATA

Neste kata, o professor Jigoro Kano procurou realizar em movimentos o conceito de suavidade, uma das pedras fundamentais da arte marcial, que não por acaso tem no nome a palavra "ju" (suave). É possível verificar, em sua execução, a lógica sobre a qual também se edifica o judô, de que a suavidade, devidamente exercida, suplanta a brutalidade.

Dai-ikkyo

- Tsuki-dashi
- Kata-oshi
- Ryote-dori
- Kata-mawashi
- Ago-oshi

Dai-nikyo

- Kiri-oroshi
- Ryokata-oshi
- Naname-uchi
- Katate-dori
- Katate-ague

Dai-sankyo

- Obi-tori
- Mune-oshi
- Tsuki-age
- Uchi-oroshi
- Ryogan-tsuki

Saudação — Início

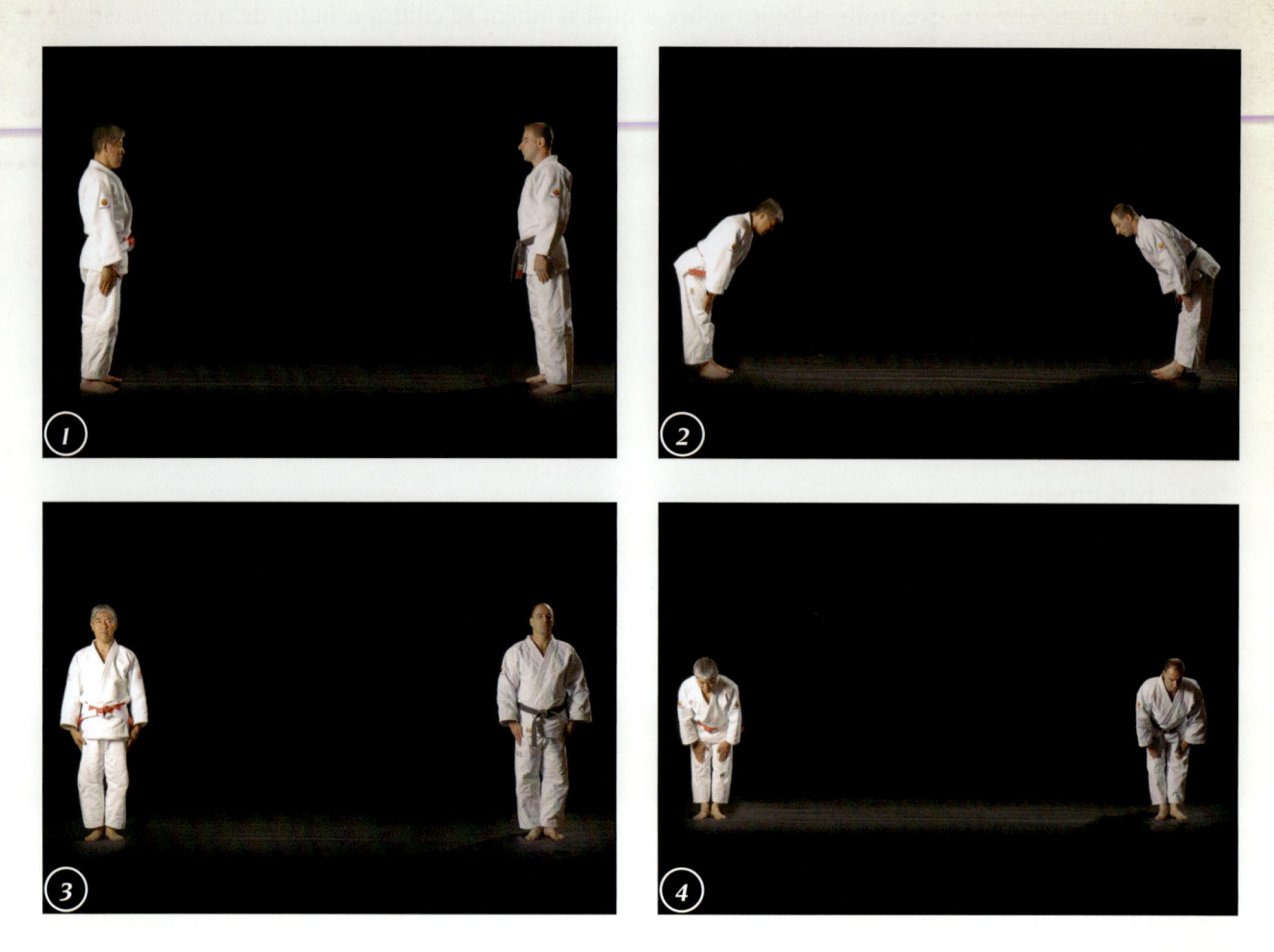

1 e 2 – O tori, ao lado esquerdo do ângulo de visão do joseki, e o uke, à direita, fazem saudação para entrar na área de apresentação.

3 e 4 – Ambos avançam até estabelecerem uma distância aproximada de seis metros entre si, viram-se para o joseki e fazem a saudação.

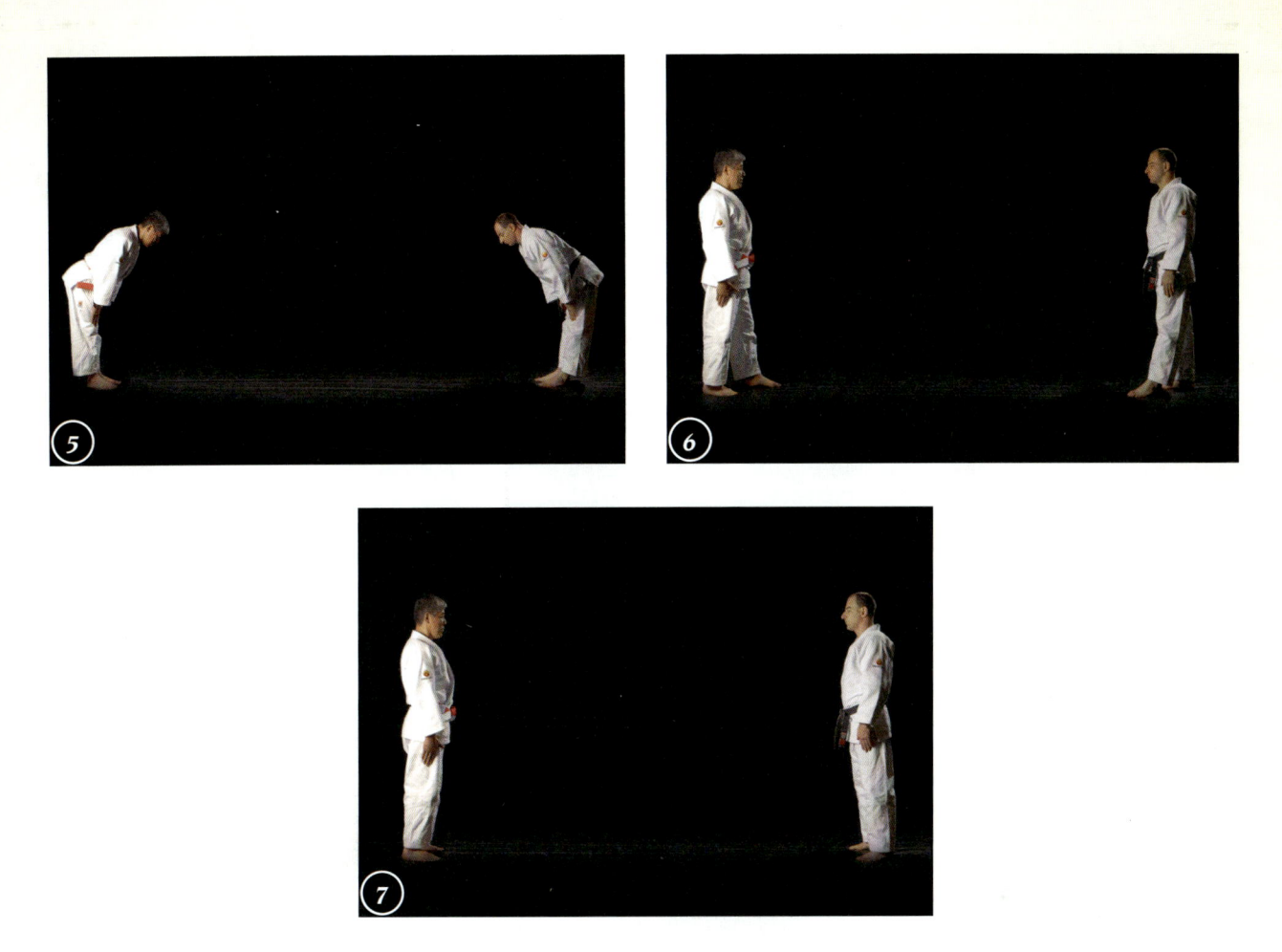

5, 6 e 7 – Depois, viram-se de frente um para o outro e se cumprimentam. Ambos avançam a perna esquerda, depois a direita e se posicionam em shizen-hontai. Dão mais dois passos curtos para a frente para ajustarem a distância, de 1,8 metro aproximadamente entre si, e iniciarem os golpes do kata.

Dai-ikkyo

Tsuki dashi — Golpe 1

1, 2 e 3 – O uke avança a perna direita em tsugi-ashi; levanta o braço direito – estendido e com os dedos unidos – apontando na direção da faixa do uke; depois avança mais um passo, elevando o braço na direção da garganta; e, no terceiro passo, ergue-o ainda mais com o intuito de atingir o uto (entre as sobrancelhas).

4 – O tori recua a perna direita, esquiva o corpo em 90° e, com sua mão direita, segura o punho direito do uke.

5 e 6 – O tori puxa o uke, fazendo-o avançar mais um passo, até ficar na mesma posição e na mesma linha do tori.

7, 8 e 9 – O tori segura o punho esquerdo do uke e abre os braços dele, fazendo com que o braço direito e o esquerdo formem uma linha diagonal. Ao mesmo tempo, o tori se inclina para trás, trazendo o uke consigo. Enquanto se inclinam, o peito do tori deve estar colado às costas do uke.

10, 11A, 12A, 11B e 12B – Para tentar se livrar do domínio do tori, o uke abaixa o ombro esquerdo, puxa a perna esquerda para trás, vira a mão esquerda e segura o punho esquerdo do tori; com a mão direita, segura o punho direito e, ao mesmo tempo, gira o corpo, invertendo a posição de domínio, caracterizada pela inclinação do dorso.

13A, 14A, 15, 13B e 14B – Por sua vez, também para escapar do domínio do uke, o tori abaixa o ombro direito, puxa a perna direita para trás, vira a mão direita e segura o punho direito do uke; com a mão esquerda, segura o punho esquerdo e, ao mesmo tempo, gira o corpo.

16A, 17A, 18A, 16B, 17B e 18B – O tori se inclina para trás, trazendo o uke consigo; com a mão esquerda, abaixa o braço esquerdo do uke, deixando-o rente ao corpo; depois desliza a mão esquerda até encaixá-la no ombro do uke, mantendo o polegar voltado para baixo; levanta o braço direito do uke verticalmente, afasta-se um passo para trás, primeiro com a perna direita, depois com a esquerda, e consolida o domínio sobre o uke.

19 – O uke realiza o maita, batendo a mão esquerda uma vez na sua própria coxa esquerda. O tori volta a perna esquerda, depois a direita e abaixa os braços.

Kata-oshi — Golpe 2

1 – Terminado o tsuki-dashi, ambos giram 90° sobre a perna esquerda. Tori e uke se posicionam de frente para a mesma direção; o uke um pouco atrás do tori e com a perna direita alinhada à perna esquerda dele.

2A, 2B e 2C – O uke levanta a mão direita espalmada à altura do ombro. Em seguida, empurra a escápula direita do tori.

3A, 4A, 3B e 3C – O tori inclina o tronco para a frente, o que faz a mão do uke deslizar escapando das costas e leva o uke a se inclinar também. O tori segura com sua mão direita os dedos da mão direita do uke.

5 – Sem soltar a mão do uke, o tori recua em passos curtos, primeiro com a perna direita, aproximadamente três passos.

6A, 7A, 6B e 7B – Com a mão direita presa, o uke ataca o tori com a mão esquerda, tentando atingi-lo no uto. Mas o tori, com a mão esquerda, contém o ataque do uke.

8A, 9A, 8B e 9B – Dominados as mãos e os braços do uke, o tori ergue-os, fazendo com que o corpo do uke fique ereto. Em seguida, o tori inclina o corpo do uke para trás, até que o uke dê um leve passo posterior com o pé esquerdo, fazendo o maita.

10, 11 e 12 – Depois do maita, o tori se posiciona de frente para o uke.

Ryote-dori — Golpe 3

1A, 2 e 1B – Após terminar o kata-oshi e se pôr de frente para o uke a uma distância aproximada de 45 centímetros, o uke segura os dois punhos do tori.

3A, 3B, 4A e 4B – O tori afasta um pouco os braços para fazer o kuzushi, segura o punho direito do uke com a mão esquerda, recua a perna esquerda, para livrar o braço direito da mão do uke e depois levá-lo em direção ao ombro esquerdo dele.

5A, 6A, 5B e 6B – O tori avança sua perna direita na frente da perna direita do uke, iniciando um giro que o deixará de costas para o uke. Em seguida, completa o giro, trazendo a perna esquerda um pouco à frente da perna esquerda do uke. Enquanto faz o giro, o tori passa o braço direito sobre o braço direito do uke, segura com a mão na altura do cotovelo e o prende firmemente sob a axila direita.

7, 8, 9A e 9B – O tori flexiona as pernas, encaixa o quadril, curva-se para a frente, estende as pernas novamente e, com esses movimentos, ergue o uke, que, por sua vez, mantém o corpo firme e ereto, as pernas estendidas e coladas uma na outra.

10A e 10B – O tori ergue o uke até o limite do equilíbrio dele. Quando atingido, o uke faz o maita, batendo com a mão esquerda nas costas do tori. Após o maita, o tori abaixa o uke.

Kata-mawashi — Golpe 4

1 – Terminado o ryote-dori, o tori se posiciona de costas para o uke e à esquerda do joseki.

2A, 3A, 2B e 3B – O uke então levanta os braços à altura dos ombros do tori; com a mão direita empurra o ombro direito do tori, e com a esquerda puxa o ombro esquerdo dele, fazendo com que o tori gire para a esquerda.

4, 5A e 5B – O tori, ao girar para o lado esquerdo, move a perna direita e usa a perna esquerda de apoio, até ficar de frente para o uke. Ao mesmo tempo, leva a mão esquerda na altura do bíceps direito do uke com o polegar voltado para baixo. Desliza a mão pelo braço, segura na parte interna do cotovelo, recua um passo com a perna esquerda e faz o kuzushi sobre o uke para a frente.

6A, 7A, 6B e 7B – O tori avança um passo com a perna direita, passa o braço direito por sob o braço direito do uke e coloca o ombro direito sob a axila direita do uke. Ao mesmo tempo, leva a perna esquerda para o lado de sua perna direita e, para completar o movimento, flexiona ambas as pernas. O uke segura suavemente o cotovelo esquerdo do tori com a mão direita e apoia a mão esquerda nas costas do tori, um pouco acima da faixa.

8A e 8B – Com o ombro direito sob a axila do uke e a mão direita na altura do ombro direito dele, o tori estende as pernas e curva o tronco para a frente, erguendo o uke às suas costas.

9A e 9B – Enquanto o tori o suspende, o uke mantém o corpo firme, com as pernas estendidas e coladas uma à outra. Quando a suspensão chega ao limite do equilíbrio do uke, este faz o maita, batendo a mão esquerda nas costas do tori.

Ago-oshi — Golpe 5

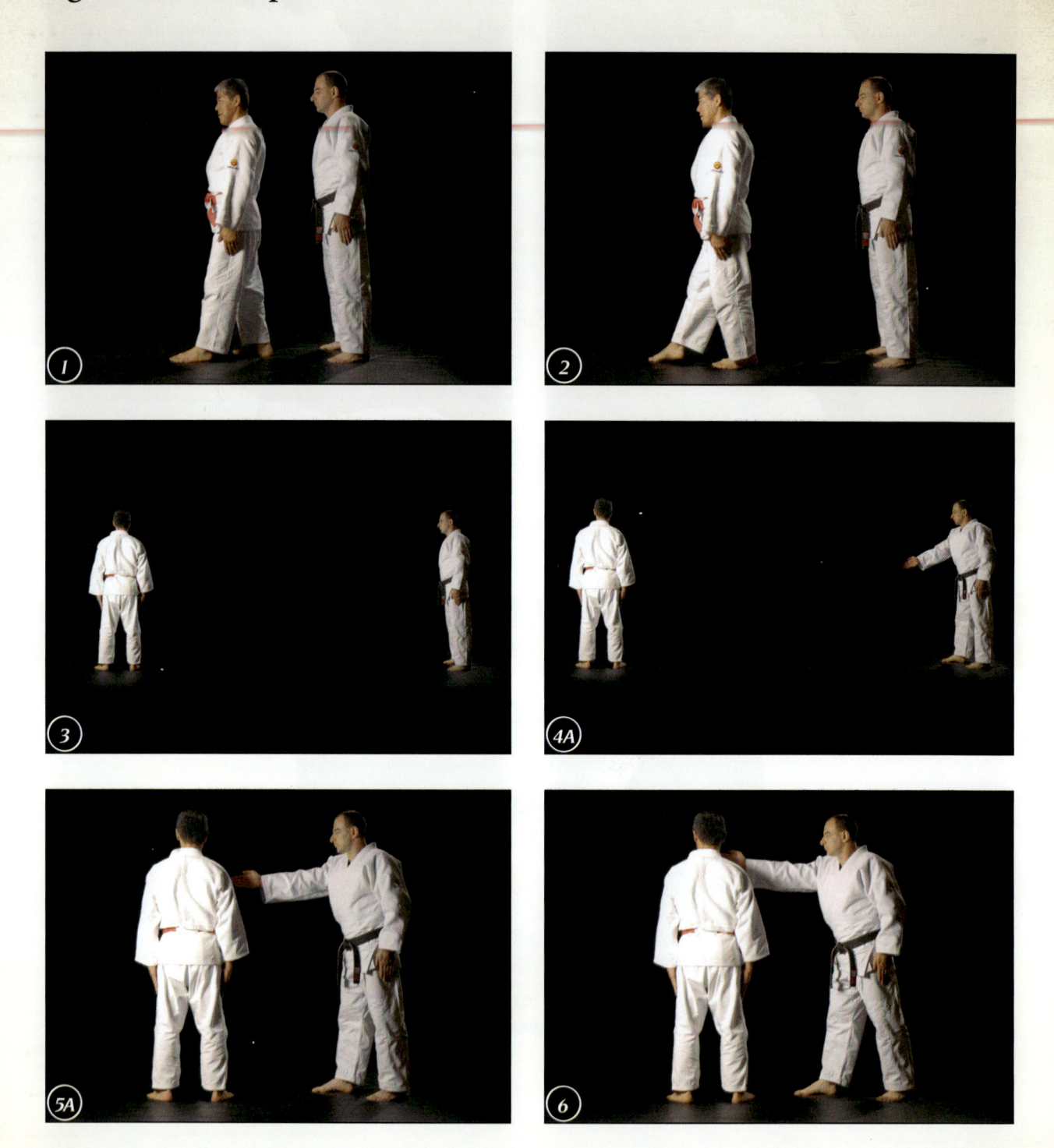

1, 2 e 3 – Ao fim do kata-mawashi, o tori avança com passos quase alinhados. Primeiro, a perna esquerda; depois, a perna direita, cujo pé pisa levemente virado para a direita, preparando o giro que será consumado no terceiro passo. Feito o giro, o tori fica de lado para o uke na posição de shizen-hontai.

4A, 5A, 6, 4B e 5B – O uke avança em tsugi-ashi e com a perna direita à frente. No primeiro passo, levanta o braço direito estendido, apontando na direção da faixa do tori; depois avança mais um passo, elevando o braço na direção do peito do tori; no terceiro e último passo, ergue-o ainda mais, com o intuito de atingir a lateral direita do queixo do tori.

7A, 8A, 9, 7B e 8B – O tori se esquiva, girando o corpo e o rosto para a esquerda, fazendo com que o ataque passe à sua direita, no vazio. De costas para o uke, o tori segura a mão direita dele com a sua mão direita – o polegar segura a palma da mão do uke.

10A e 10B – O tori avança a perna direita e faz um giro de 180°, passando por baixo do braço direito do uke.

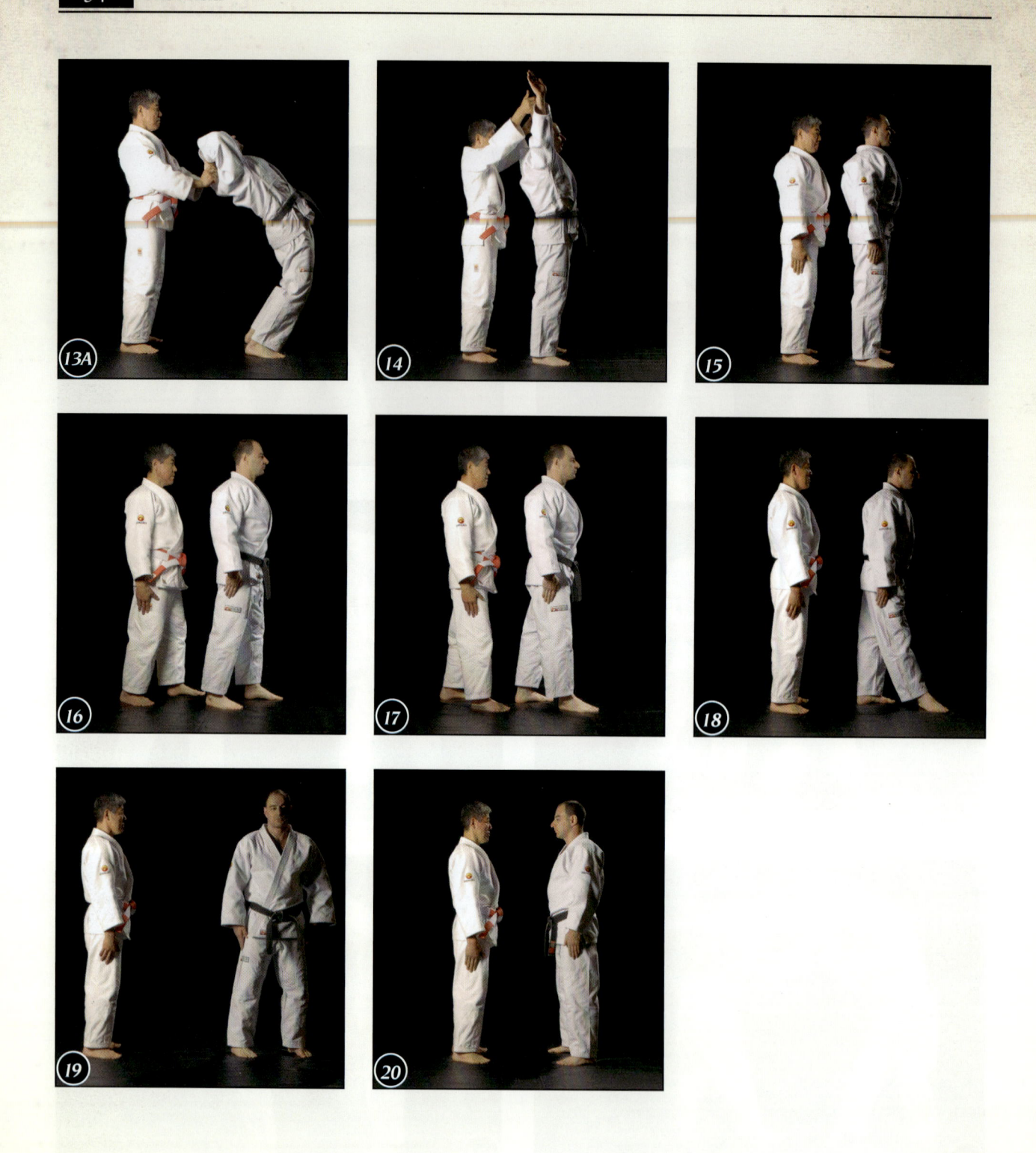

11, 12A, 13A, 12B e 13B – O uke avança um passo com a perna esquerda e tenta atacar o tori na região do uto com a sua mão esquerda. O tori segura a mão esquerda – o polegar segura a palma da mão do uke –, recua a perna esquerda, puxa os braços do uke para cima e dobra-os para baixo, fazendo-o se curvar para trás e forçando a região lombar dele.

14 e 15 – O uke recua a perna direita e, depois de dominado, faz o maita com a perna esquerda.

16, 17, 18, 19 e 20 – Terminado o ago-oshi, ambos retornam ao centro da área de apresentação, voltados de frente um para o outro e a uma distância de noventa centímetros aproximadamente.

Dai-nikyo

Kiri-oroshi — Golpe 6

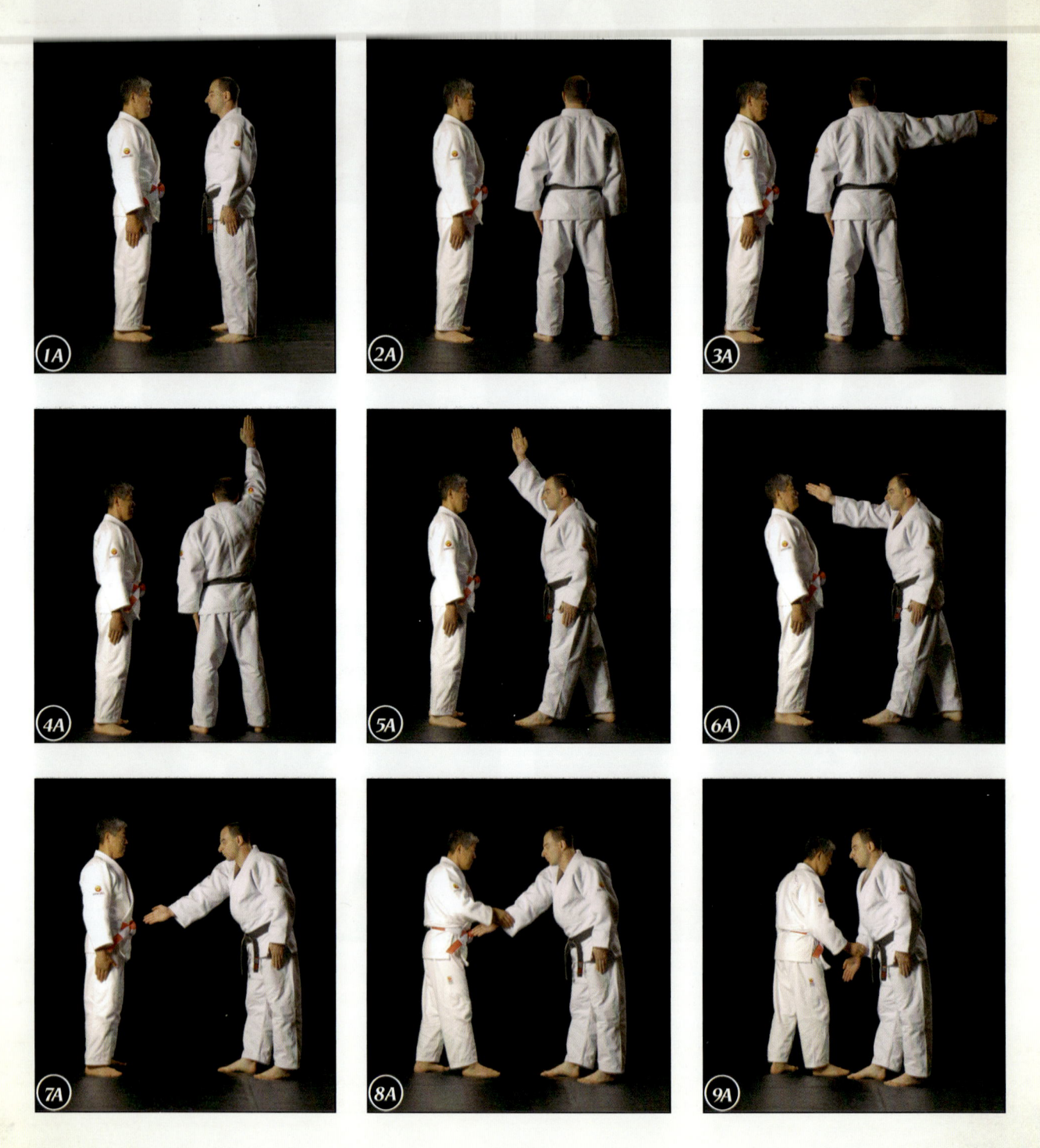

1A, 2A, 1B e 2B – Tori e uke se posicionam um de frente para o outro e guardam a distância entre si de aproximadamente noventa centímetros, o uke recua a perna direita e gira o corpo para a direita, ficando de costas para o joseki.

3A, 4A, 5A, 3B, 4B e 5B – Com o braço direito estendido, o uke o levanta acima da cabeça, preservando os dedos unidos e também estendidos; depois vira o tronco e a cabeça, ficando novamente de frente para o tori, mas mantendo a posição das pernas. Assim que gira o tronco, o uke avança a perna direita e abaixa o braço direito, tentando atingir o topo da cabeça do tori com a mão direita.

6A, 7A, 6B e 7B – O tori evita o golpe, curvando-se para trás e recuando um passo, primeiro com a perna direita e depois com a perna esquerda, deixando-as alinhadas.

8A, 9A, 10A, 8B, 9B e 10B – Quando a mão do uke aponta na direção da faixa do tori, este segura o pulso do uke com a mão direita e avança dois passos em tsugi-ashi com a perna direita. Dessa forma, o tori empurra o braço do uke para trás e o desequilibra. Para manter-se equilibrado, o uke recua a perna direita e gira o corpo novamente para a direita.

11A, 12A, 13A, 11B, 12B e 13B – O uke coloca a mão esquerda no cotovelo direito do tori e o empurra para a sua esquerda. O tori solta o pulso do uke e gira sobre sua perna esquerda.

14, 15A e 15B – Realizado o movimento para recobrar o controle das ações, o tori faz com o corpo e o braço direito o kuzushi para trás e na diagonal esquerda do uke. Com o uke desequilibrado, o tori segura a mão esquerda dele com a sua mão esquerda, mantendo o polegar na palma da mão do uke.

16A, 17A, 18A, 16B, 17B, 18B e 18C – O tori, então, se desloca para trás do uke, primeiro avançando a perna esquerda e depois a perna direita; coloca a mão direita no ombro esquerdo do uke; leva o braço esquerdo dele para cima e para trás; com a perna esquerda, retorna um passo e completa com o domínio.

19A, 19B e 20 – O uke faz o maita, batendo a mão direita no próprio corpo.

Ryokata-oshi — Golpe 7

1 – Terminado o kiri-oroshi, o tori se posiciona à frente e de costas para o uke a uma distância de aproximadamente 45 centímetros.

2, 3 e 4 – O uke levanta as mãos, rente ao corpo e um pouco acima da altura da faixa, depois as ergue acima da cabeça para em seguida abaixá-las, colocando-as nos ombros do tori e o empurrando para baixo.

5, 6 e 7 – O tori flexiona as pernas, leva a perna esquerda para trás e inicia um giro para a esquerda, até ficar de frente para o uke.

8 e 9 – O tori segura o pulso direito do uke com a mão esquerda, recua a perna esquerda, gira sobre ela, põe-se de costas para o uke e segura o pulso dele também com a mão direita. Enquanto o tori recua a perna esquerda, o uke avança a perna direita. Depois de realizado o giro, o uke apoia a palma da mão esquerda nas costas do tori, na altura da faixa.

10 e 11 – O tori, ainda agachado, avança com passos curtos e ao mesmo tempo vai se levantando, puxando o uke e tentando trazê-lo nas costas. Mas como o uke apoia a mão esquerda nas costas dele, o tori resiste e o força na região lombar.

12 e 13 – O tori afasta-se com um passo lateral com a perna direita para escapar do domínio do uke.

14 e 15 – O tori coloca a perna esquerda atrás do uke, cola o braço esquerdo no peito dele e o desequilibra para trás. O uke faz o maita, batendo com a mão esquerda na lateral de sua coxa.

Naname-uchi — Golpe 8

1, 2, 3, 4 e 5 – Após terminarem o ryokata-oshi, ambos voltam para o centro da área, posicionando-se um de frente para o outro a uma distância de 45 centímetros aproximadamente.

6 e 7 – O uke levanta o braço direito, trazendo a mão à lateral esquerda de seu próprio rosto para em seguida tentar atingir a uto do tori.

8 – O tori evita o golpe esquivando-se para trás. Na sequência, segura o pulso direito do uke com a mão esquerda, mantendo o braço dele aberto; avança a perna direita e ataca com a mão direita o uto do uke.

9 e 10 – O uke recua a perna esquerda, esquivando-se do ataque. Depois, segura o pulso direito do tori com a mão esquerda.

11, 12 e 13 – O tori avança a perna esquerda e segura o pulso esquerdo do uke com a máo esquerda. O uke coloca a máo direita no cotovelo esquerdo do tori, girando-o para a direita.

14 e 15 – O tori, com as pernas flexionadas, firma a perna direita atrás do uke, e o envolve com o braço direito na altura da faixa, e com a máo esquerda espalmada na altura do abdômen.

16 e 17 – O tori estende as pernas, curva-se para trás, levanta o uke, que mantém o corpo firme – pés unidos e estendidos, e braços elevados acima da cabeça. Quando o movimento chega ao limite do equilíbrio do uke, este faz o maita, batendo uma mão na outra.

18 e 19 – O tori devolve o uke ao chão e ambos se posicionam lado a lado, de frente para o joseki.

Katate-dori — Golpe 9

1, 2A e 2B – Ao fim do naname-uchi, com tori e uke lado a lado, o uke segura o pulso direito do tori com a mão esquerda.

3A e 3B – O tori avança um passo com a perna direita, levando o uke a também avançar a perna direita. Enquanto avançam, o tori levanta seu braço direito – a palma da mão virada para baixo – para escapar da pegada.

4A e 4B – O uke coloca a mão direita no cotovelo direito do tori e a mão esquerda no ombro esquerdo dele. Com a mão direita, o uke o empurra para a esquerda e, com a mão esquerda, puxa o ombro esquerdo dele.

5A, 6A, 5B e 6B – O tori segura o braço esquerdo do uke com a mão direita, envolve a cintura dele com o braço esquerdo, puxa-o para si e encaixa o quadril, trazendo o uke às suas costas.

7A, 8A, 7B e 8B – Com o uke às costas, o tori curva-se para a frente, erguendo-o. Por sua vez, o uke mantém o corpo ereto, as pernas unidas e estendidas. Ao chegar no limite de seu equilíbrio, o uke faz o maita, batendo a mão direita nas costas do tori.

Katate-ague — Golpe 10

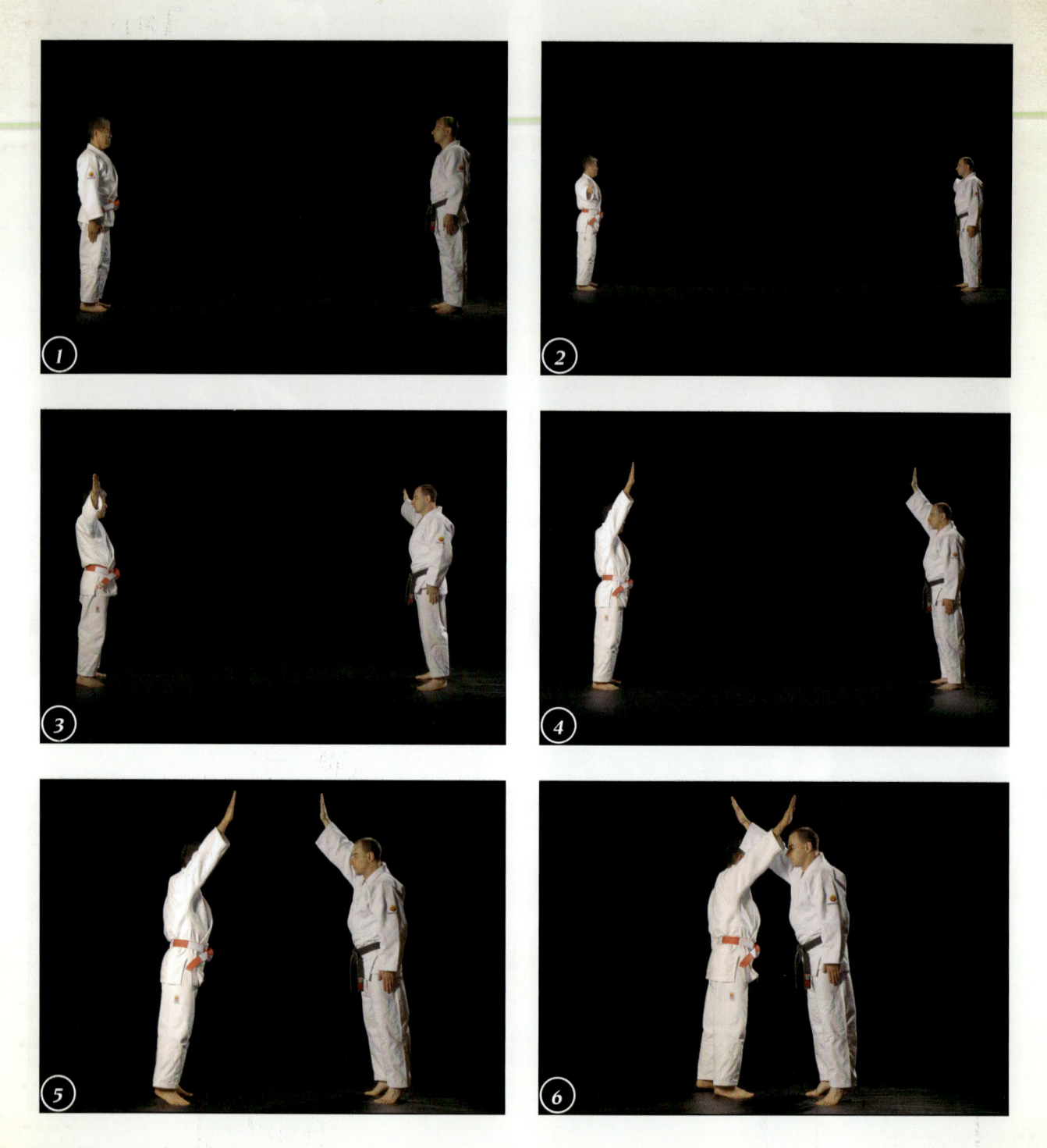

1 – Terminado o katate-dori, o tori se dirige para a esquerda do joseki, enquanto o uke se posiciona à direita, um de frente para o outro e a uma distância de aproximadamente 2,7 metros.

2, 3, 4 e 5 – Simultaneamente, tori e uke levantam o braço direito lateralmente acima da cabeça, com as palmas das mãos voltadas para a frente e ficam na ponta dos pés.

6 e 7 – Ambos se aproximam com passos curtos e rápidos. Quando estão prestes a se chocar, o uke abaixa o braço direito, atacando o tori, que afasta a perna direita e realiza um giro de 90°, esquivando-se do ataque.

8 e 9 – O tori coloca a mão direita no cotovelo direito do uke, a mão esquerda no braço esquerdo dele – quase na altura do ombro – e curva o corpo do uke para a direita.

10, 11 e 12 – Em seguida, o tori levanta o braço direito, desliza a mão esquerda até o cotovelo esquerdo do uke e o curva para a esquerda.

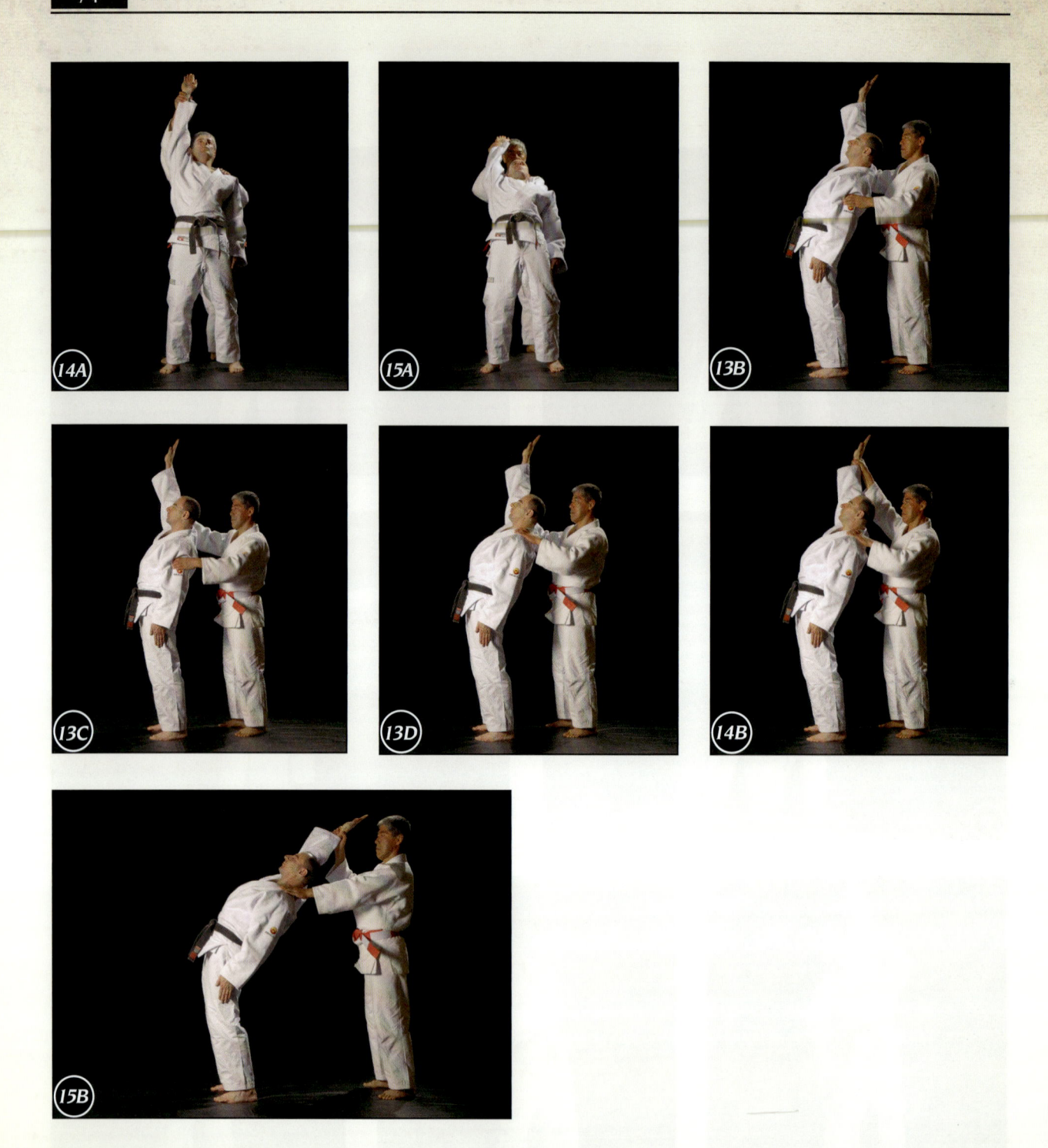

13A, 13B, 13C e 13D – Quando o uke tenta alinhar a postura, o tori aproveita o movimento dele e provoca o desequilíbrio para trás.

14A, 15A, 14B e 15B – Para completar o domínio, o tori desliza o braço esquerdo até o ombro esquerdo do uke e a mão direita, que segura o cotovelo, até o pulso direito dele. Em seguida, o tori curva o uke para trás, recuando um passo – primeiro a perna direita e depois alinha a esquerda.

Dai-sankyo

Obi-tori — Golpe 11

1 – Ao fim do katate-ague, tori e uke se posicionam no centro da área, de frente um para o outro, a uma distância entre si de aproximadamente sessenta centímetros.

2 – O uke avança um pequeno passo com a perna esquerda, e com as mãos cruzadas – a esquerda sobre a direita – tenta pegar a faixa (obi) do tori pela frente.

3 e 4 – O tori afasta um pouco o quadril e, com a mão direita, segura o pulso esquerdo do uke, puxando-o para a esquerda.

5, 6 e 7 – Depois, o tori passa a mão esquerda por cima da direita, segura o cotovelo esquerdo do uke, gira-o para a direita e, quando o uke está de costas, coloca a mão direita no ombro direito dele e continua o giro.

8 e 9 – Quando o uke fica novamente de frente para o tori, ele coloca a mão direita no cotovelo direito do tori e o puxa, girando-o para a esquerda. Quando o tori está de costas para o uke, este coloca a mão esquerda no ombro esquerdo dele para completar o giro.

10, 11 e 12 – Mas o tori passa o braço esquerdo pela cintura do uke e, com a mão direita, segura o braço esquerdo dele, puxando-o para as suas costas. Na sequência, o tori encaixa o quadril.

13 e 14 – Em seguida, o tori levanta o uke, curvando o tronco para a frente. O uke, por sua vez, mantém as pernas estendidas e unidas. Ao chegar ao limite de seu equilíbrio, o uke faz o maita, batendo com a mão direita nas costas do tori.

Mune-oshi — Golpe 12

1, 2, 3, 4 e 5 – Ao concluírem o obi-tori, tori e uke voltam ao centro da área, frente a frente e a uma distância de aproximadamente trinta centímetros entre si.

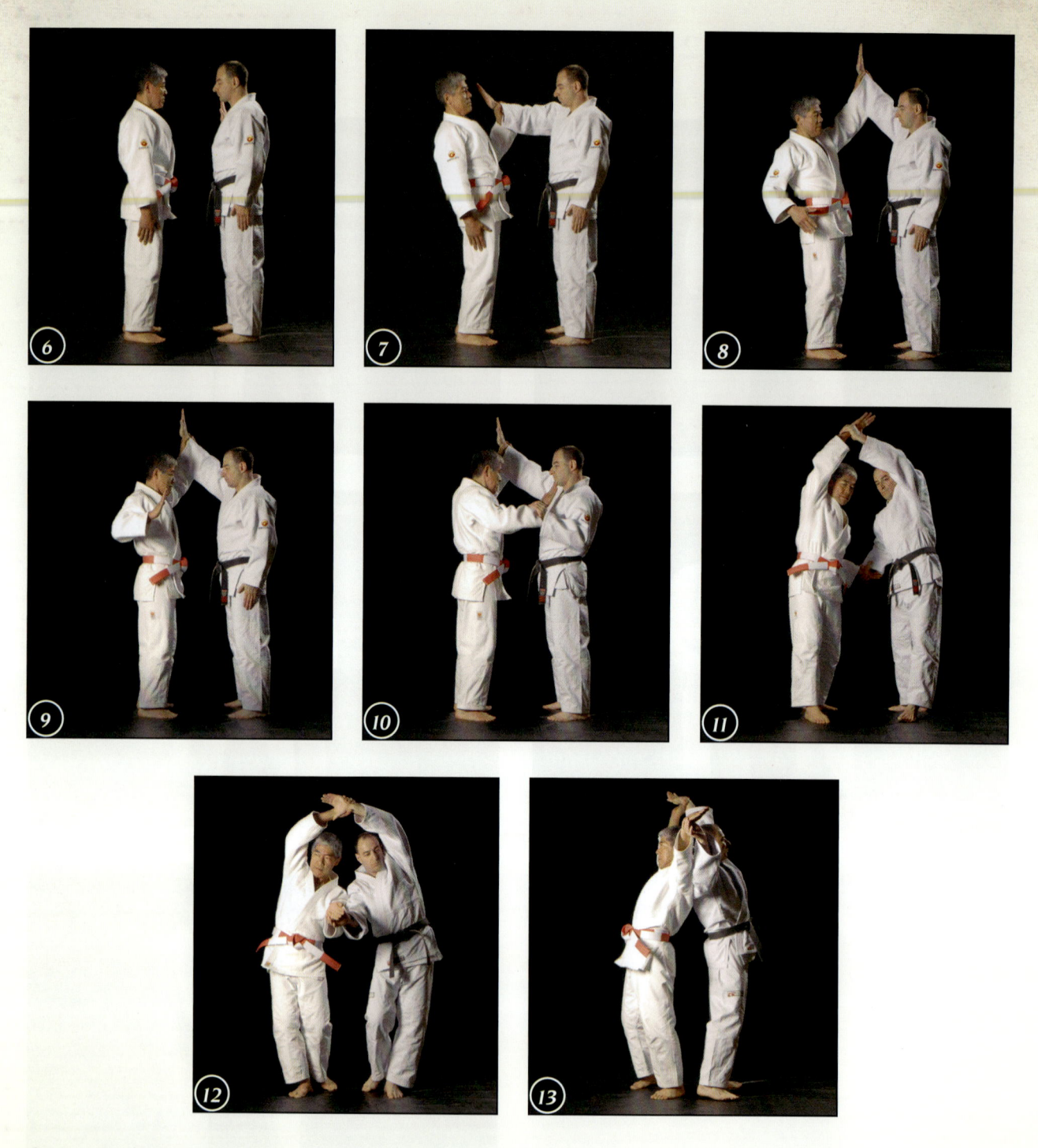

6 e 7 – O uke levanta o braço direito e ataca o peito esquerdo do tori com a mão frontalmente espalmada.

8 – O tori se esquiva para trás, defende o ataque com a mão esquerda, segurando o pulso direito do uke e levantando o braço dele.

9 e 10 – Em seguida, o tori ataca o peito do uke com a mão direita frontalmente espalmada, fazendo o uke se curvar para trás e, com a mão esquerda, segura o braço esquerdo do tori pelo pulso e o levanta.

11, 12 e 13 – O uke mantém o braço esquerdo estendido enquanto segura o pulso do tori; vira o pé esquerdo para o lado esquerdo, movimento também realizado pelo tori, só que com o pé direito. Por fim, ambos realizam um giro de 180°, ficando um de costas para o outro.

14 e 15 – Para fazerem uma volta completa, usam expediente seme-lhante ao anteriormente descrito e realizam mais um giro de 180°, dessa vez terminando de frente um para o outro.

16 e 17 – Feito o giro, o tori realiza o desequilíbrio sobre o uke para a diagonal direita dele. Primeiro, abaixa a mão direita do uke, segura na altura do cotovelo do braço esquerdo dele, faz o kuzushi, avança a perna direita e depois a esquerda na diagonal direita do uke.

18, 19 e 20 – Por sua vez, o uke afasta a perna esquerda para manter o equilíbrio. Para finalizar o golpe, contudo, o tori se abaixa e faz com que o uke se curve para trás até onde sua região lombar é capaz de resistir ao esforço. O uke faz o maita, afastando mais um pouco a perna esquerda.

Tsuki-age — Golpe 13

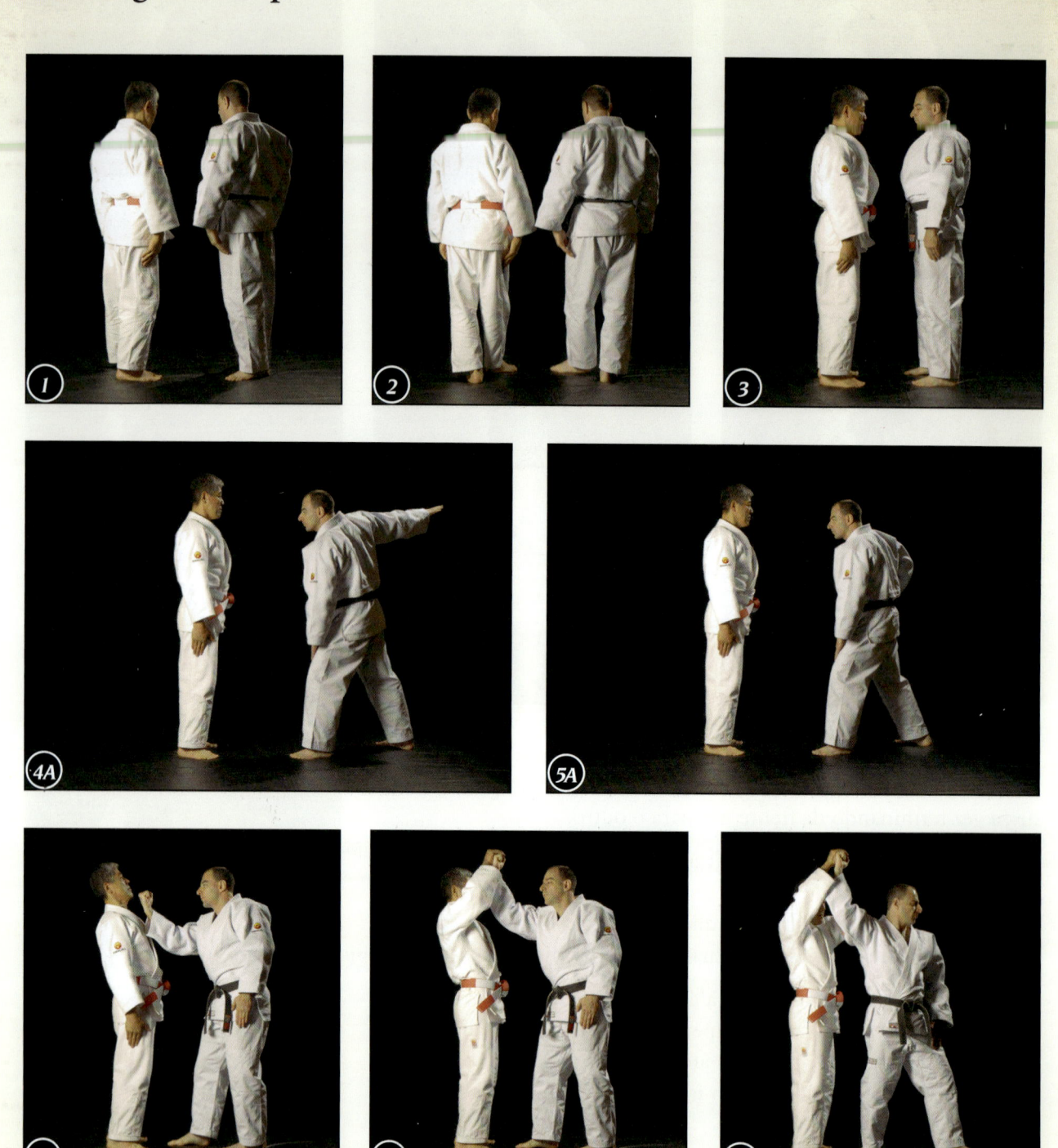

1, 2 e 3 – Terminado o mune-oshi, tori e uke voltam ao centro da área de apresentação, guardando entre si uma distância de aproximadamente 75 centímetros.

4A e 4B – O uke recua um passo com a perna direita e levanta o braço direito para trás, um pouco acima da linha do ombro, com a mão aberta e a palma para fora.

5A, 6A, 5B e 6B – O uke traz a mão direita à altura da cintura, serra o punho, avança um passo com a perna direita e tenta socar o queixo do tori.

7A e 7B – O tori inclina o tronco para trás, esquivando-se do ataque, e, quase ao mesmo tempo, segura o punho direito do uke com a mão direita.

8A, 9A, 10A, 8B, 9B e 10B – Enquanto o tori defende o ataque do uke com a mão direita, ele também coloca a mão esquerda no cotovelo direito do uke. Depois avança um passo com a perna esquerda e gira o uke 360° para a esquerda.

11A e 11B – Novamente de frente um para o outro, o tori continua segurando o cotovelo do uke e leva a perna esquerda e depois a direita para trás do uke.

12, 13A, 14A, 15A, 14B e 15B – Em seguida, o tori passa o braço direito por cima do braço direito do uke e segura o seu próprio antebraço para aplicar um ude-garami.

Uchi-oroshi — Golpe 14

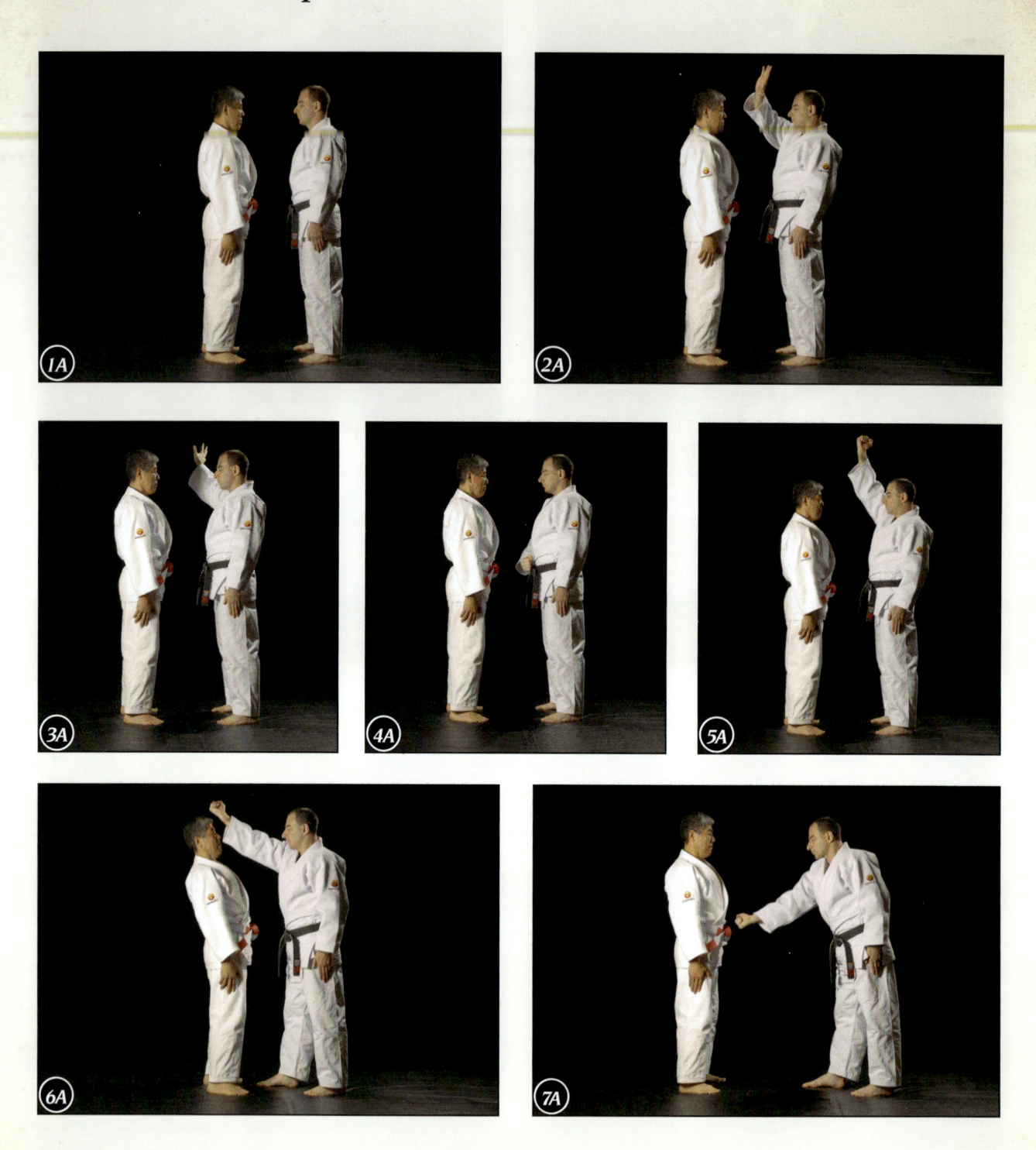

1A, 1B e 1C – Terminado o tsuki-age, tori e uke se posicionam no centro da área, mantendo entre si uma distância de aproximadamente 75 centímetros.

2A e 2B – O uke estende o braço direito para o lado esquerdo e, logo em seguida, para cima, em movimento circulatório.

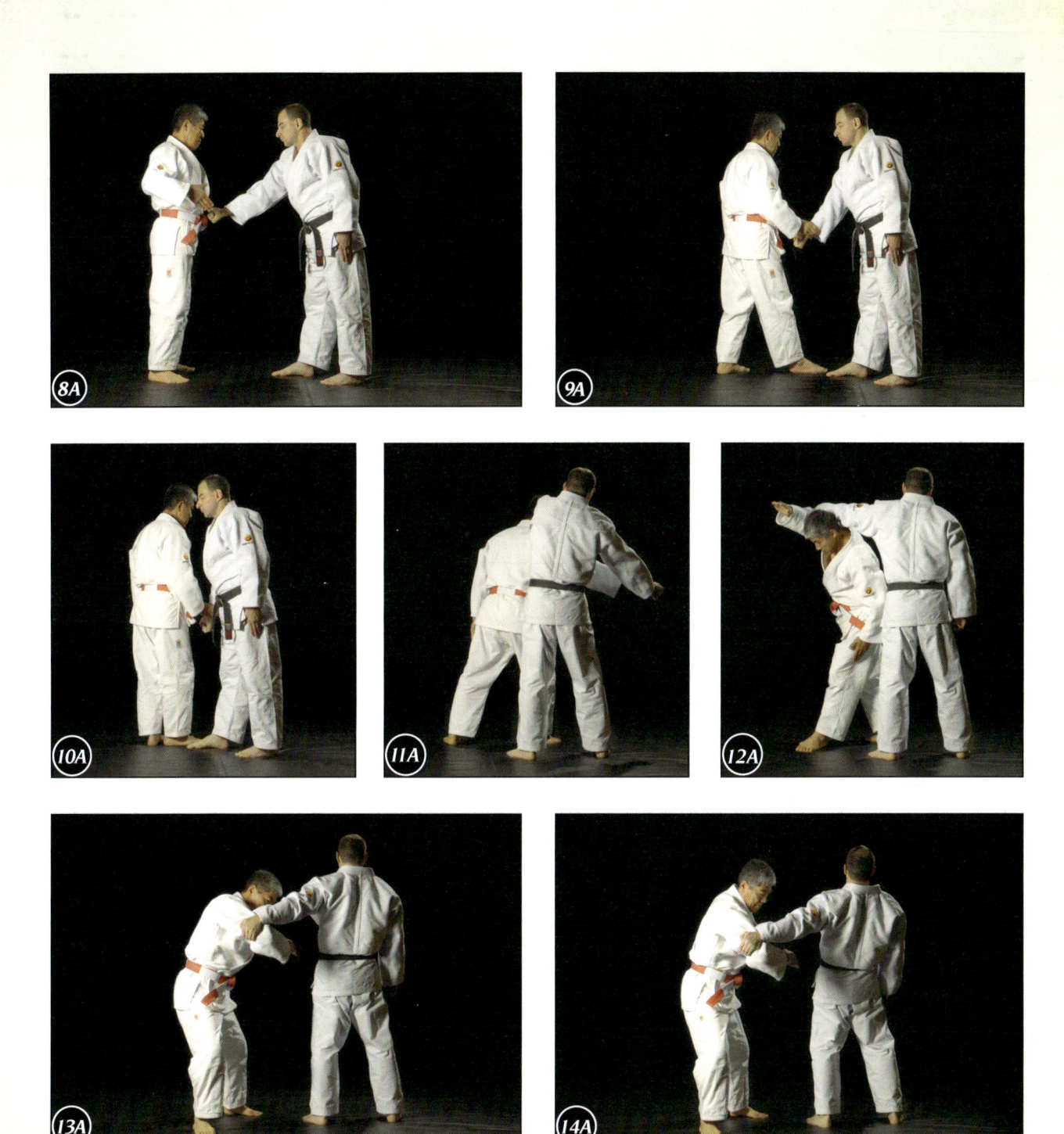

3A, 4A, 3B e 4B – Ao completar o giro, o tori fecha o punho – na altura da faixa – para erguê-lo imediatamente depois, passando-o em frente ao seu próprio rosto e o levando acima da cabeça.

5A, 6A, 7A, 6B, 7B e 8B – Depois disso, o uke avança um passo com a perna direita e ataca o tori com a mão direita fechada, visando acertar o topo da cabeça dele. O tori curva o dorso para trás e recua um passo, primeiro com a perna direita e depois com a esquerda, esquivando-se do ataque.

8A, 9A, 10A, 8B, 9B e 10B – Quando a mão do uke está à altura da faixa do tori, o tori segura o pulso direito dele com a mão direita e avança dois passos em tsugi-ashi com a perna direita à frente, a fim de desequilibrar o uke para a diagonal direita.

11A, 12A, 13A, 11B,12B e 13B – O uke recua a perna direita, coloca a mão esquerda no cotovelo direito do tori e o gira para a esquerda.

14A, 15A, 16, 17A, 14B, 15B, 17B e 17C – O tori gira sobre a perna esquerda e, ao fim do giro, desequilibra o uke para trás com o braço direito. Para completar o desequilíbrio, o tori segura o pulso esquerdo do uke com a mão esquerda e, levando consigo o braço dele, se posiciona às costas do uke, avançando primeiro a perna esquerda e depois a direita.

18A e 18B – Para finalizar, o tori passa a mão direita pelo pescoço do uke e, afastando a perna esquerda e puxando para trás o braço esquerdo dele, que está estendido lateralmente, aplica o hadaka-jime. Ao mesmo tempo, também aplica o hara-gatame.

Ryogan-tsuki — Golpe 15

1A e 1B – Terminado o uchi-oroshi, tori e uke se posicionam no centro da área a uma distância entre si de aproximadamente 75 centímetros.

2A e 2B – O uke traz a mão direita – dedos estendidos e separados apenas entre o médio e o anular – à lateral de seu dorso e pouco acima de sua faixa.

3A e 3B – O uke avança um passo com a perna direita e ataca o tori com a mão direita, tentando atingi-lo nos olhos.

4A e 4B – O tori recua um passo com a perna esquerda, fazendo um giro de 90° para a esquerda, e segura o punho direito do uke com a mão esquerda.

5A e 5B – O uke avança a perna esquerda e, com a mão esquerda, segura o punho esquerdo do tori para livrar-se da pegada.

6A, 7A, 8A, 6B, 7B e 8B – O tori coloca a mão direita no cotovelo esquerdo do uke e o empurra para a direita, fazendo-o girar sobre a perna direita. O uke flexiona as pernas e gira sob o braço direito do tori, que avança um passo com a perna esquerda, atacando os olhos do uke com a mão esquerda.

9A, 10A, 11A, 9B, 10B e 11B – O uke recua um passo com a perna direita e segura o punho esquerdo do tori com a mão direita. O tori avança um passo com a perna direita e, com a mão direita, segura o punho direito do uke.

12A, 13A, 14A, 12B, 13B e 14B – O uke coloca a mão esquerda no cotovelo direito do tori e o gira para a esquerda. O tori move apenas a parte superior do dorso, mantendo os pés fixos.

15, 16, 17A e 17B – O tori segura o braço esquerdo do uke com a mão direita, envolve a cintura do uke com o braço esquerdo, puxa-o para si, encaixa o quadril e o levanta, curvando o tronco para a frente. Ao chegar ao limite de seu equilíbrio, o uke faz o maita, batendo com a mão nas costas do tori.

Saudação — Final

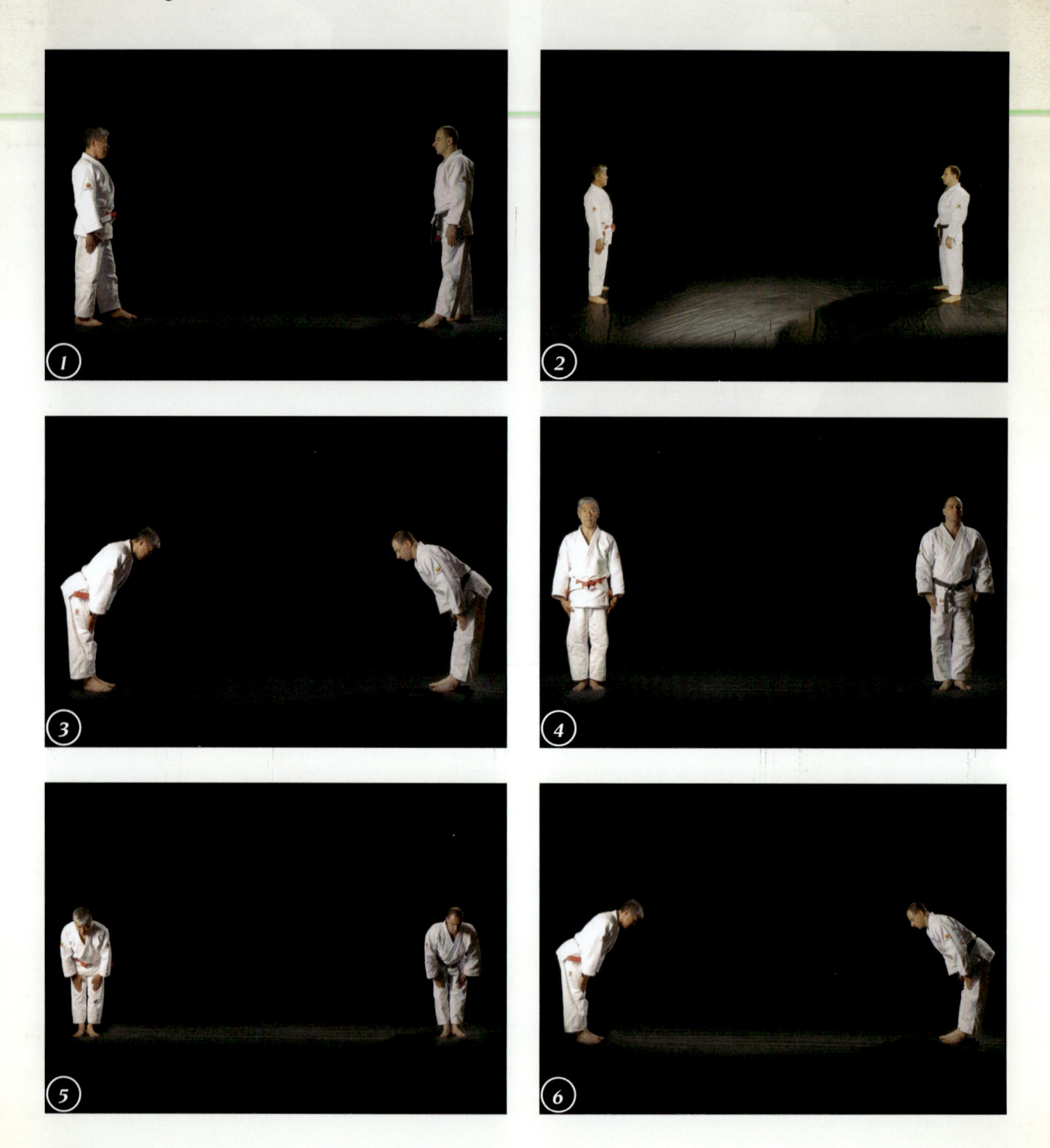

1 e 2 – Tori e uke voltam à posição de shizen-hontai. Afastam-se um passo, primeiro a perna direita e depois a perna esquerda em posição de chokuritsu.

3 – O tori, ao lado esquerdo do ângulo de visão do joseki, e o uke, à direita, fazem saudação entre si.

4 e 5 – Ambos viram-se para o joseki e fazem a saudação.

6 – O tori e o uke saem da área e fazem saudação.

CAPÍTULO 4

KODOKAN-COSHIN-JUTSU

Este kata se destina a demonstrar a eficácia da arte marcial japonesa para a autodefesa. O kodokan-goshin-jutsu é resultado da combinação de diferentes tipos de lutas nipônicas – judô, aikido e caratê, por exemplo, sendo essa última calcada em atemi, golpes de impacto, como socos e chutes. O intercâmbio entre as lutas desde o princípio foi defendido por Jigoro Kano, que sabia que as inúmeras artes marciais modernas japonesas descendiam do jujutsu ou taijutsu, conjunto de técnicas de combate sem uso de armas que desde o período samurai tinha inúmeras escolas.

Kumitsukareta-baai – ataque aproximado

- Ryote-dori
- Hidari-eri-dori
- Migi-eri-dori
- Kataude-dori
- Ushiro-eri-dori
- Ushiro-jime
- Kakae-dori

Hanareta-baai – ataque à distância

- Naname-uchi
- Ago-tsuki
- Gammen-tsuki
- Mae-geri
- Yoko-geri

Tantoo-no-baai – ataque com punhal

- Tsukkake
- Choku-zuki
- Naname-tsuki

Jo-no-baai – ataque com bastão

- Furi-age
- Furi-oroshi
- Morote-zuki

Kenju-no-baai – ataque com pistola

- Shomen-zuke
- Koshi-gamae
- Haimen-zuke

Início

1, 2 e 3 – Tori e uke fazem saudação para adentrar a área de apresentação, avançam juntos até estabelecerem uma distância de seis metros entre si, viram-se para joseki e se saúdam. Depois, viram-se de frente um para o outro e fazem ritsurei. Durante todo o procedimento, o uke carrega uma pistola (kenju) por dentro do judogi e um punhal (tantoo) e um bastão (jo) na mão direita.

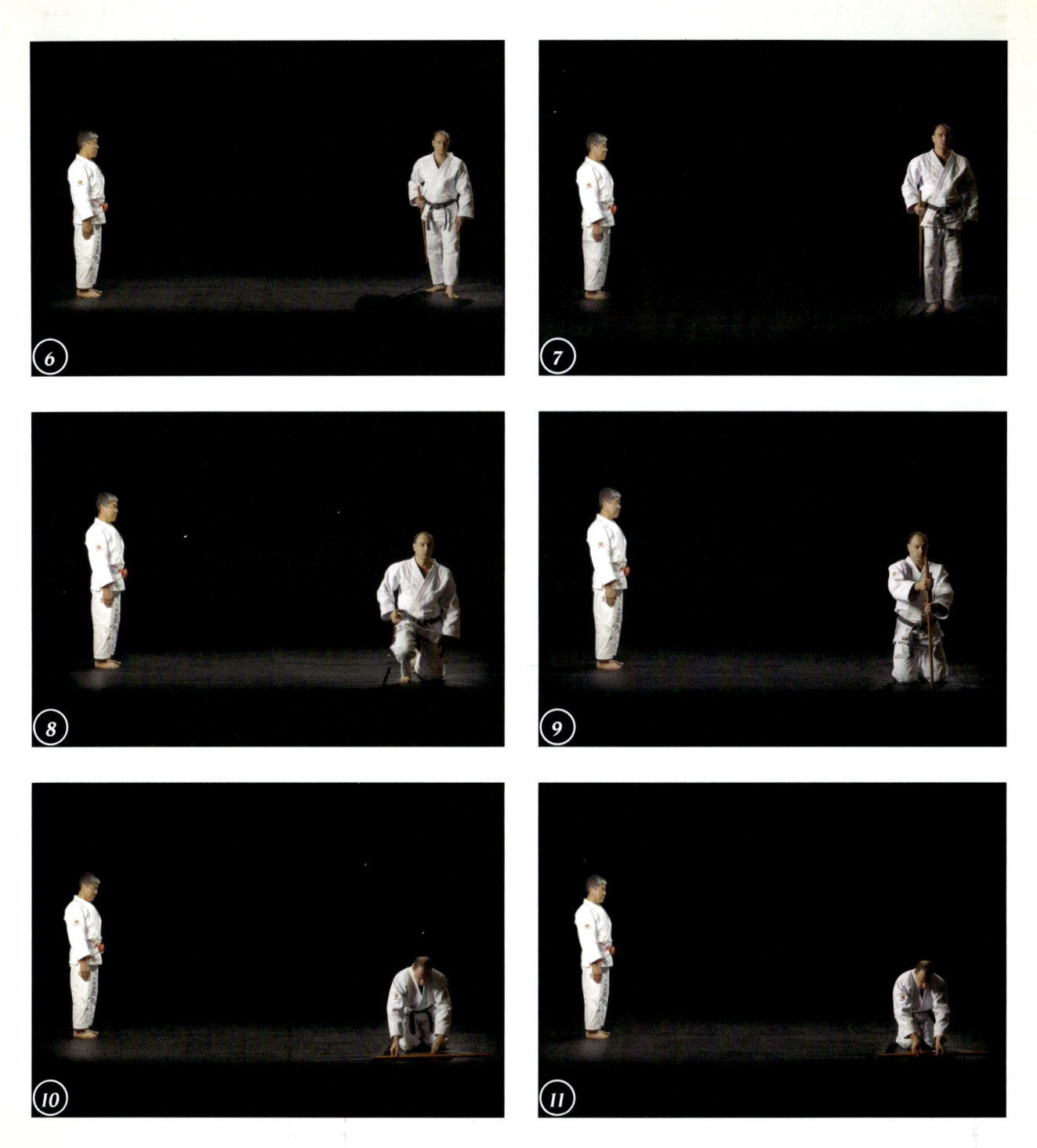

4, 5, 6, 7, 8, 9, 10 e 11 – O uke recua um passo, primeiro com a perna direita e depois com a esquerda, virando 90º para a lateral esquerda; avança três metros; ajoelha e coloca as armas no tatame de frente para o joseki, primeiro o tantoo, depois o jo, e por último o kenju. Todos os instrumentos devem estar apontados para o lado esquerdo a uma distância de dez centímetros entre eles, e o tantoo precisa estar com o corte voltado para o uke.

12, 13 e 14 – O uke retorna à marca que define a posição de chyokuritsu, põe-se de frente para o tori e, juntos, avançam um passo para a marca que determina a posição de shizen-hontai.

Kumitsukareta-baai

Ryote-dori — Golpe 1

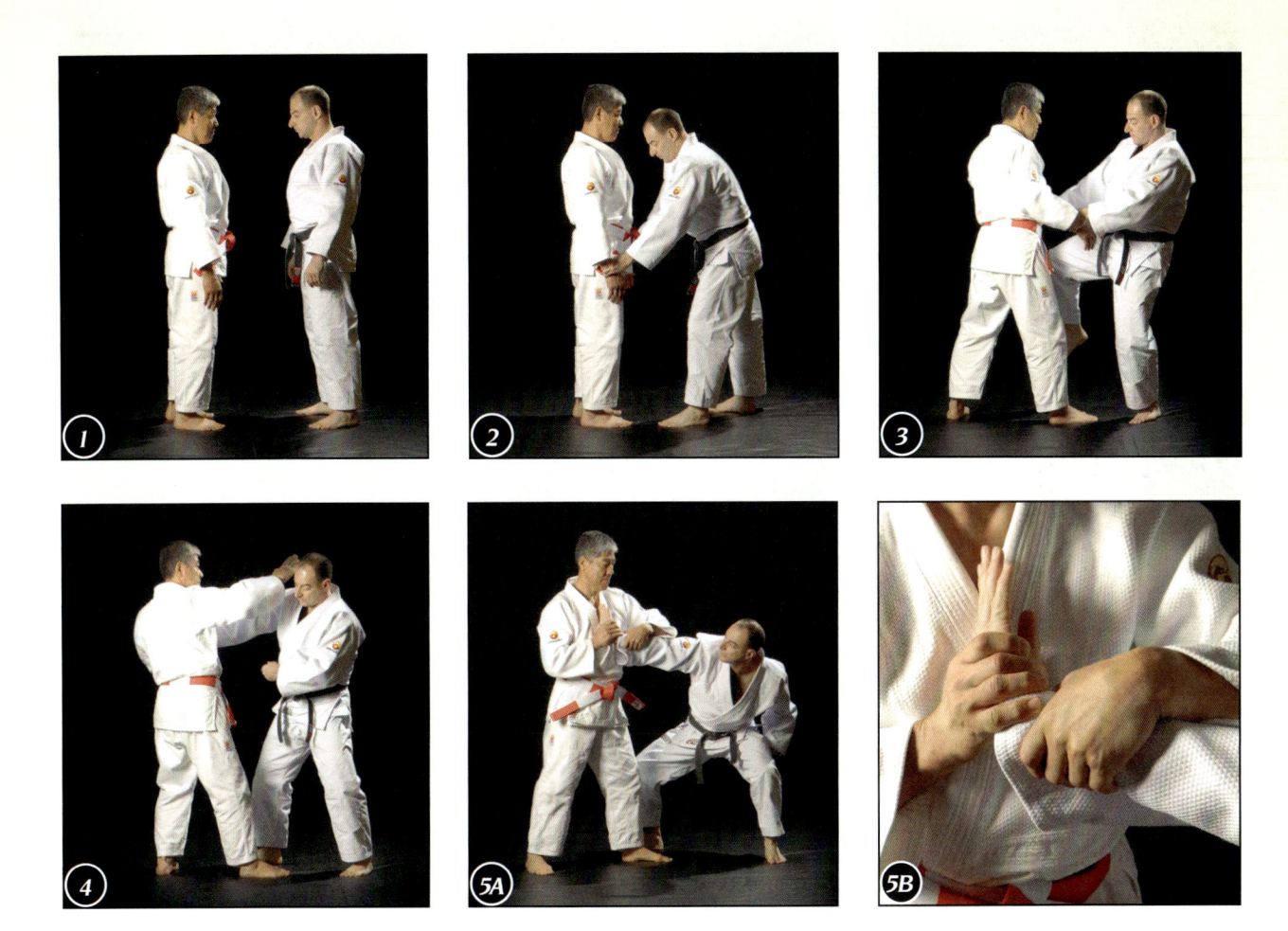

1, 2 e 3 – O tori, à esquerda do joseki, e o uke, à direita, avançam juntos e, quando estão bem próximos, o uke avança a perna esquerda, segura os dois punhos do tori e aplica uma joelhada, tentando acertar a virilha dele.

4 – O tori recua a perna esquerda para se esquivar do ataque, liberta a mão direita para atacar a têmpora direita do uke. Depois, libera a mão esquerda e segura o punho direito do uke.

5A – O tori usa a mão direita para segurar a mão direita do uke por cima, recua um passo para a diagonal direita e aplica o kote-hine. O uke faz o maita, batendo com a mão na própria perna esquerda.

5B – Detalhe do golpe para a posição da mão do uke.

Hidari-eri-dori — Golpe 2

1 – Tori e uke mudam de posição. O uke fica à esquerda do joseki, e o tori à direita.

2 – O uke agarra a gola esquerda do tori e avança a perna direita para tentar empurrá-lo. O tori segura a própria gola esquerda com a mão esquerda.

3A e 3B – O tori recua um passo com a perna esquerda e ataca os olhos do uke com o dorso da mão direita.

4 e 6 – Rapidamente, com a mão direita, o tori segura a mão direita do uke por cima; coloca a mão esquerda sobre o cotovelo direito do uke; recua um passo com a perna direita e, torcendo o pulso do uke, empurra o cotovelo dele para baixo, fazendo-o deitar com o rosto também para baixo.

5 e 7 – O tori coloca o joelho esquerdo na lateral direita das costas do uke – quase na axila – e empurra o braço direito em direção à sua cabeça. O uke faz o maita, batendo a mão no tatame.

Migi-eri-dori — Golpe 3

1 e 2 – Com o tori à esquerda do joseki e o uke à direita novamente, este segura a gola direita do tori, recua a perna esquerda e tenta puxá-lo.

3 – O tori avança a perna direita e aplica um soco de baixo para cima no queixo do uke com a mão direita.

4A, 4B e 4C – Depois, o tori segura a mão direita do uke com as duas mãos, ambas com o polegar no dorso da mão do uke e os demais dedos na palma.

5, 6 e 7 – Em seguida, o tori recua a perna esquerda, faz um giro para a esquerda e faz projeção do uke à sua frente.

Kataude-dori — Golpe 4

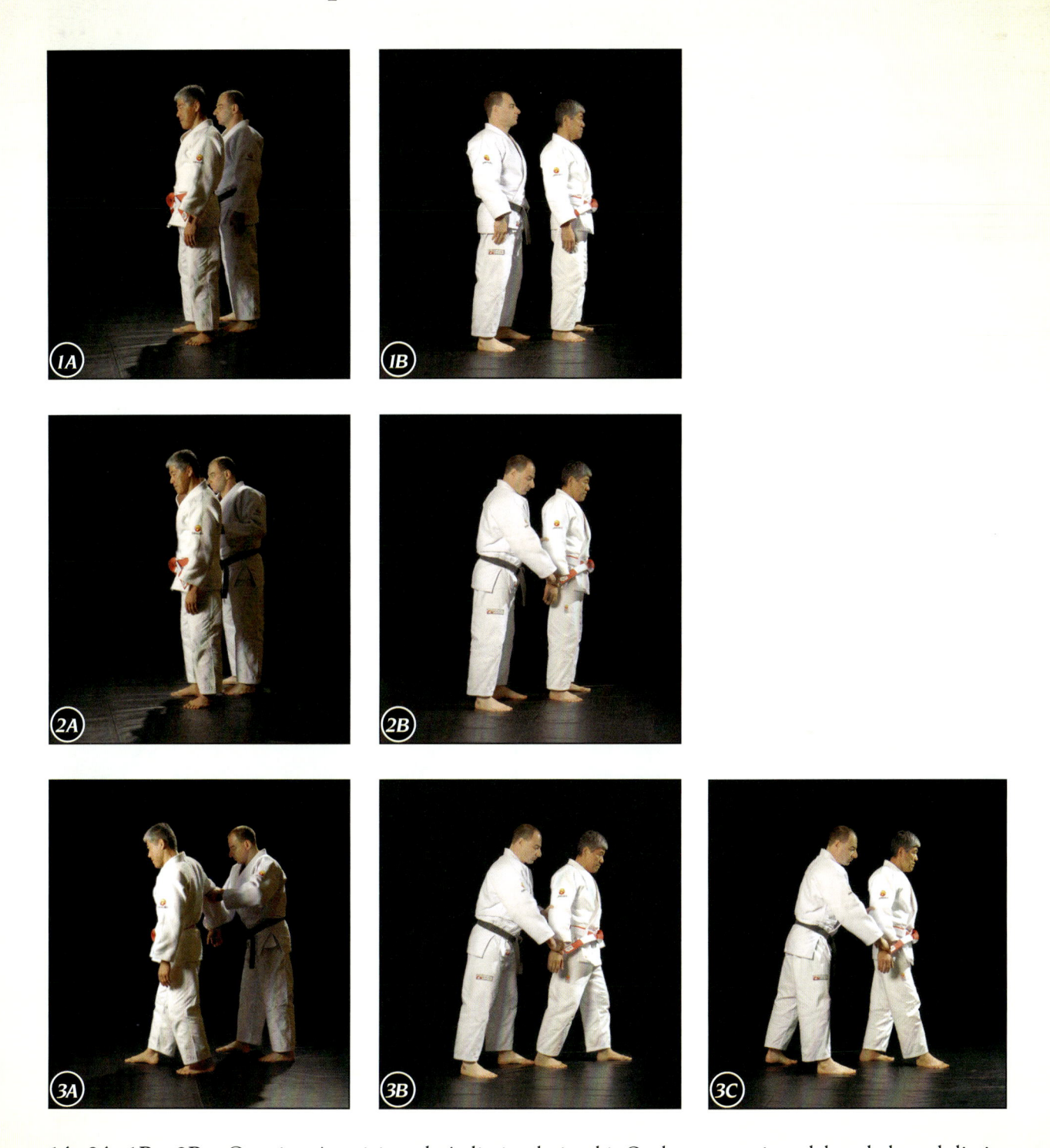

1A, 2A, 1B e 2B – O tori está posicionado à direita do joseki. O uke se aproxima dele pela lateral direita e se posiciona atrás, à diagonal direita. Então, avança um pouco a perna esquerda e segura o pulso direito dele com a mão direita, o cotovelo direito com a mão esquerda e o empurra para a frente.

3A, 4A, 3B, 3C e 4B – O tori avança três passos, primeiro a perna esquerda, depois a direita, trazendo consigo o uke. No terceiro passo, realiza um meio giro, ficando quase de frente para o uke. Simultaneamente, desequilibra o uke, puxando o próprio braço direito – que o uke está segurando.

5A e 5B – Imediatamente após realizar o kuzushi, o uke aplica um chute com a lateral do pé direito no joelho esquerdo do uke.

6A, 6B e 6C – Na sequência, o tori devolve o pé direito ao chão, avança um passo com a perna direita e depois com a esquerda. Simultaneamente, segura o pulso direito do uke com a mão direita, depois com a mão esquerda e coloca o braço direito do uke sob sua axila esquerda. O tori aplica o waki-gatame.

Ushiro-eri-dori — Golpe 5

1 – Tori e uke, à esquerda do joseki, caminham na mesma direção, tori à frente e uke atrás.

2, 3A e 3B – O uke se aproxima do tori e segura a parte posterior da gola dele; recua a perna esquerda e tenta derrubá-lo para trás.

4A, 5A, 4B e 5B – O tori recua a perna esquerda, gira para a esquerda, defende o agarrão com o antebraço esquerdo e soca o abdômen do uke com a mão direita.

6A e 6B – Em seguida, o tori coloca as duas mãos no cotovelo do uke, primeiro a esquerda e depois a direita, e aplica o ude-hishigi-ude-gatame, até o uke fazer o maita.

Ushiro-jime — Golpe 6

1 e 2 – Tori e uke, à direita do joseki, caminham na mesma direção, estando o tori à frente e o uke atrás.

3 – O uke se aproxima, enlaça o pescoço do uke com o braço direito, segura uma mão na outra e tenta aplicar o hadaka-jime.

4 e 5 – O tori encosta o queixo no pescoço, segura o braço direito do uke com as duas mãos, abaixa o tronco e avança a perna direita, girando para a esquerda e recuando a perna esquerda.

6 – O tori segura o pulso direito do uke por baixo com a mão esquerda, coloca a mão direita sobre o cotovelo direito, recua mais um passo com a perna esquerda e aplica um te-gatame, forçando o cotovelo para baixo.

7 – O uke faz o maita, batendo no tatame.

Kakae-dori — Golpe 7

1 e 2 – Tori e uke, à esquerda do joseki, caminham na mesma direção, ficando tori à frente e uke atrás.

3 – O uke se aproxima por trás do tori e, ao avançar a perna direita, agarra o tori pelas costas.

4 e 5 – O tori, com seu pé direito, pisa com força no pé direito do uke e, simultaneamente, abre os braços para escapar do agarrão.

6 – Em seguida, o tori avança a perna esquerda, pondo-se ao lado do uke, segura o pulso direito dele com a mão esquerda e coloca o braço direito na altura do cotovelo direito do uke, prendendo-o firmemente.

7A e 7B – O tori recua a perna direita, girando sobre sua perna esquerda, e projeta o uke à sua diagonal posterior direita.

8A e 8B – O uke faz o ukemi de esquerda.

Hanareta-baai

Naname-uchi — Golpe 8

1 – Tori e uke se põem de frente um para o outro; o tori à esquerda do joseki, e o uke à direita.

2 – O uke levanta o braço direito, avança a perna direita e ataca a têmpora esquerda do tori com o punho direito cerrado.

3 e 4 – O tori afasta a perna direita e defende a investida com o braço esquerdo. Com o punho direito, o tori aplica um soco de baixo para cima no queixo do uke.

5 – Em seguida, o tori segura o pescoço do uke com a mão direita e, com a mão esquerda, segura a parte superior do braço direito dele.

6, 7, 8 e 9 – Ao fim, o tori, aplicando o osoto-otoshi, arremessa o uke.

Ago-tsuki — Golpe 9

1A e 1B – Tori e uke se põem de frente um para o outro; o tori à direita do joseki, e o uke à esquerda.

2 e 3 – Ambos caminham um ao encontro do outro e, ao se aproximarem, o uke avança um passo com a perna direita e, com a mão direita, tenta acertar um soco, de baixo para cima, no queixo do tori.

4 – O tori afasta-se um passo com a perna esquerda e inclina o tronco para trás, esquivando-se do ataque.

5A, 6A, 5B e 6B – Em seguida, segura o pulso direito do uke com a mão direita e coloca a mão esquerda no cotovelo direito do uke.

7A, 8 e 7B – O tori força o pulso do uke para a frente, levantando um pouco mais o cotovelo do uke, avança a perna esquerda e projeta o oponente para a diagonal frontal direita.

9A e 9B – O uke faz o ukemi de esquerda.

Gammen-tsuki — Golpe 10

1A, 2 e 1B – Tori e uke se põem de frente um para o outro; o tori à esquerda do joseki, e o uke à direita. O uke avança a perna esquerda e tenta socar o rosto do tori com a mão esquerda.

3A e 3B – O tori avança um passo com a perna direita para a lateral direita, esquiva-se do soco e, em seguida, ataca com a mão direita a lateral da costela esquerda do uke.

4A e 4B – O tori se posiciona atrás do uke e, enlaçando o pescoço do uke pelo lado direito com o braço direito. Depois, recua um passo, primeiro a perna esquerda e depois a direita, aplicando o hadaka-jime. O uke tenta resistir, segurando com as duas mãos o braço direito do tori.

5A e 5B – Não obtendo êxito, o uke faz o maita, batendo com o pé no tatame. O tori avança a perna esquerda e depois recua a direita para a lateral esquerda do uke, deixando-o cair de costas no tatame.

Mae-geri — Golpe 11

1 – Tori e uke se põem de frente um para o outro; o tori à direita do joseki, e o uke à esquerda.

2 e 3 – O uke avança a perna esquerda e, com a direita, tenta acertar a virilha do tori com um chute.

4A, 4B e 4C – O tori se esquiva para a esquerda, segura a perna direita do uke – a mão esquerda no tornozelo e a direita no pé, perto dos dedos – e a força para a esquerda.

5 e 6 – O tori avança dois passos em tsugi-ashi, com o pé esquerdo à frente, ergue a perna do uke e o joga para trás. O uke faz o ushiro-ukemi.

Yoko-geri — Golpe 12

1 – Tori e uke se põem de frente um para o outro; o tori à esquerda do joseki, e o uke à direita.

2 e 3 – O uke avança a perna esquerda, e com lateral da perna direita tenta chutar a lateral da costela do tori.

4A, 5A, 4B e 5B – O tori se esquiva para a diagonal esquerda e defende o chute com o antebraço direito. Assim que o uke coloca o pé direito no tatame, o tori agarra os ombros dele; ajoelha a perna esquerda e puxa o uke para trás, fazendo-o cair de costas.

Tantoo-no-baai

Tsukkake — Golpe 13

1 e 2 – Terminado o yoko-geri, o uke retoma a posição de shizen-hontai, depois caminha até onde estáo os armamentos, abaixa somente a perna esquerda e segura o tantoo, colocando-o dentro do judogi.

3A e 3B – O uke volta para onde está a marca que determina a posição de shizen-hontai, só que fica à direita do joseki, enquanto o tori fica à esquerda.

4A e 4B – Ao se aproximarem, o uke e tori caminham um em direção ao outro. O uke recua a perna direita e coloca a mão direita dentro do judogi para tirar o tantoo. Antes que o uke possa atacar o tori, ele avança um passo com a perna direita, na mesma linha da perna esquerda do uke, e segura o braço dele na altura do cotovelo esquerdo com a mão direita, impedindo o ataque.

5A e 5B – Na sequência, o tori ataca os olhos do uke com a mão aberta.

6A e 6B – O tori segura o punho esquerdo com a mão esquerda e mantém a mão direita segurando o cotovelo esquerdo do uke.

7A, 7B e 7C – O tori recua um passo, primeiro com a perna esquerda e depois com a direita, e força o uke para baixo. O uke cai com a barriga para baixo e continua empurrando o cotovelo. O uke faz o maita, batendo com o tantoo no tatame.

Choku-tsuki — Golpe 14

1A e 1B – O tori, à direita, e o uke, à esquerda, caminham um em direção ao outro.

2, 3A e 3B – Ao se aproximarem, o uke saca o tantoo e avança a perna direita, atacando o estômago do tori com a arma.

4A e 4B – O tori dá um passo para o lado esquerdo com a perna esquerda, esquivando-se do ataque. Coloca a mão esquerda no cotovelo direito do uke e ataca o queixo dele com um soco com a mão direita.

5A, 5B e 5C – O tori segura o punho direito do uke por baixo com a mão direita e, com a mão esquerda, segura o punho direito, por cima. O tori avança um passo para a diagonal direita, coloca o braço do uke sob a axila e aplica o waki-gatame. O uke faz o maita.

Naname-tsuki — Golpe 15

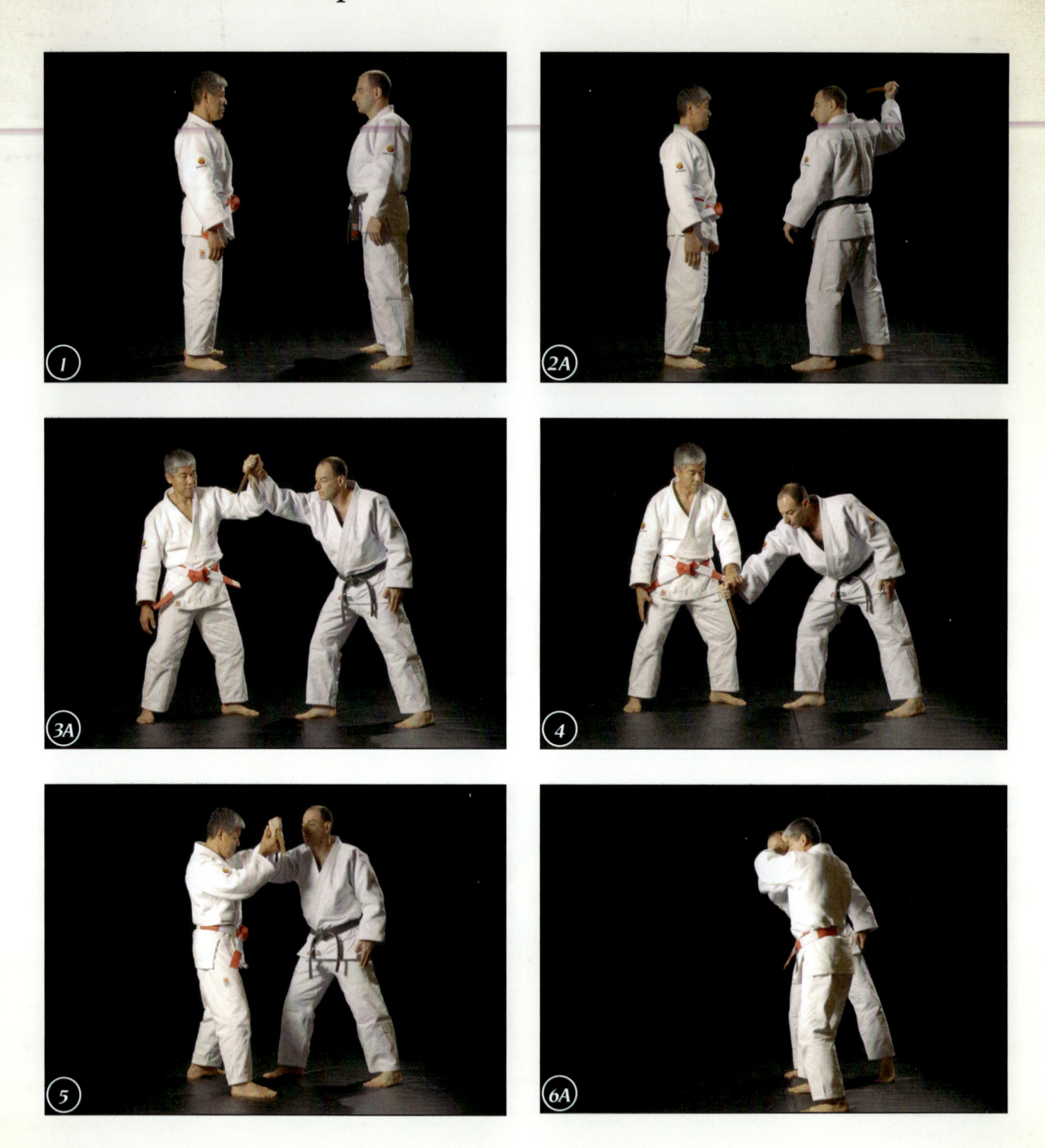

1 – O tori, à esquerda, e o uke, à direita, caminham um em direção ao outro.

2A e 2B – O uke saca o tantoo com a mão direita e o ergue para atacar a lateral esquerda do pescoço do tori.

3A e 3B – O tori recua a perna direita e gira o tronco, evitando o ataque. Simultaneamente, segura o pulso direito do uke com a mão esquerda e depois o abaixa, desequilibrando o oponente para a frente.

4 – Em seguida, o tori levanta o braço do uke novamente e segura a mão direita dele com a sua mão direita.

5, 6A, 7 e 6B – Depois, o tori gira a perna esquerda por trás de sua perna direita e projeta o uke para a frente.

8, 9, 10A e 10B – Assim que o uke realiza o ukemi, o tori encosta a perna direita pouco abaixo da axila dele e, com a mão direita, aplica o ude-garami.

11, 12A e 12B – O uke faz o maita, batendo a mão esquerda no tatame e, na sequência, o tori retira o tantoo do uke com a mão esquerda.

Jo-no-baai

Furi-age — Golpe 16

1, 2 e 3 – Terminado o naname-tsuki, o uke devolve o tantoo ao lugar de onde o havia tirado e pega o jo. Feita a troca de armamento, o tori, à esquerda, e o uke, à direita, põem-se frente a frente e depois caminham um em direção ao outro.

4A e 4B – O uke recua a perna direita e ergue o jo, com a mão direita, para atacar.

5A e 5B – O tori avança a perna esquerda e, com o antebraço esquerdo, bloqueia o ataque. Ao mesmo tempo, coloca a mão direita no queixo do uke, desequilibrando-o para trás.

6, 7, 8, 9 e 10 – Em seguida, envolve o braço direito do uke com o seu braço esquerdo, segura a gola direita dele com a mão direita e aplica o osoto-gari, projetando-o para trás.

Furi-oroshi — Golpe 17

1 e 2 – O tori e o uke estão frente a frente. O tori à direita do joseki, e o uke à esquerda, com o jo na mão direita. O uke segura o jo com as duas mãos, ergue-o lateralmente, avança a perna direita e tenta atacar a têmpora esquerda do tori.

3A e 3B – O tori afasta a perna direita e inclina o tronco para trás, evitando o golpe. Em seguida, avança um passo com a perna esquerda e com a lateral do punho esquerdo ataca o uto do uke.

4A e 4B – O tori ataca mais uma vez o uto do uke, agora com a faca da mão esquerda.

5, 6 e 7 – O tori segura o jo com a mão direita, apoia a faca da mão esquerda no uto do uke e o empurra para trás.

Morote-zuki — Golpe 18

1A e 1B – O tori, à esquerda do joseki, e o uke, à direita, colocam-se frente a frente e caminham um em direção ao outro.

2A e 2B – O uke segura o jo com as duas mãos – mão esquerda à frente e direita atrás – e, ao se aproximar do tori, avança em tsugi-ashi, com a perna esquerda à frente.

3A e 3B – O uke desfere golpe com o jo contra o estômago do tori. O tori avança a perna direita para a lateral direita, gira o corpo para a esquerda e, com a sua mão direita, afasta o jo para a esquerda.

4A e 4B – O tori, então, segura o jo com as duas mãos, a direita entre as mãos do uke, e a esquerda ao lado da mão esquerda dele.

5A, 6A, 7A, 5B, 6B e 7B – O tori avança em tsugi-ashi de direita para a diagonal direita e, colocando pressão contra o cotovelo esquerdo do uke com seu próprio antebraço direito, projeta o uke para a diagonal direita.

Kenju-no-baai

Shomen-zuke — Golpe 19

1 e 2 – Ao fim do morote-zuki, o uke devolve o jo de onde o havia pegado para em seguida pegar o kenju.

3 – Depois, o tori, à esquerda do joseki, e o uke, à direita, põem-se frente a frente e caminham um em direção ao outro. Ao se aproximarem, o uke saca o kenju com a mão direita e o aponta na direção do tori. Ao comando de "*te o agerou*" "mãos ao alto", do uke, o tori levanta os braços.

4 – O uke avança um pouco a perna direita e reclina o tronco na direção do tori, encosta a ponta do kenju em seu abdômen e leva a mão esquerda à lateral direita do quadril do tori, como se fosse tomar-lhe a carteira.

5A e 5B – No instante em que o uke aproxima a mão esquerda do quadril do tori, o tori gira levemente o corpo para a direita – sem mover as pernas –, segura o kenju com a mão esquerda, desviando-o para a direita, e segura o punho direito do uke com a mão direita.

6A e 6B – O tori retira o kenju da mão do uke girando-o por baixo, em direção à axila direita do uke. Feito o desarmamento, o tori devolve o kenju ao uke, que o coloca dentro do judogi.

Koshi-gamae — Golpe 20

1 – Tori e uke ficam frente a frente – o uke à esquerda, e o tori à direita. O uke saca o kenju, aproxima-se, segura-o com a mão direita, apontando-o na direção do abdômen do tori, e ordena "*te o agerou*", ao que o tori ergue os braços.

2 – O uke leva a mão esquerda à lateral direita do quadril do tori, como se fosse tomar-lhe a carteira.

3 e 4 – Nesse instante, o tori gira o corpo para a esquerda sem mover as pernas, agarra o cano do kenju com a mão direita, desviando-lhe a direção, e depois, com a mão esquerda, segura sobre a própria mão direita.

5 – O tori vira o quadril para a direita e, com as duas mãos, puxa o kenju para a mesma direção, fazendo o uke soltá-lo.

6 – Após desarmar o uke, o tori o ataca na altura do rosto com a coronha da arma. Ao fim do movimento, o tori devolve o kenju para o uke, que o coloca dentro do judogi.

Haimen-zuke — Golpe 21

1 – Tori e uke se posicionam à esquerda do joseki. O tori se coloca de costas para o uke. Ambos caminham na mesma direção. O uke, aproximando-se, saca o kenju com a mão direita e dá o comando de "*te o agerou*". O tori ergue os braços. O uke avança a perna direita e encosta o kenju nas costas do tori.

2 – O uke leva a mão esquerda à lateral esquerda do quadril do tori, como se fosse tomar-lhe a carteira.

3 – Nesse momento, o tori gira e avança a perna esquerda para a lateral direita.

4 – O tori passa o braço direito em torno do braço direito do uke, trazendo-o para a frente.

5, 6 e 7 – Depois, o tori segura a mão direita do uke com a mão esquerda e, girando-a para a esquerda, projeta-o para a frente, ao mesmo tempo que toma-lhe o kenju.

8 – Finalizado o golpe, o tori devolve o kenju ao uke, que o coloca dentro do judogi.

Fim do kata

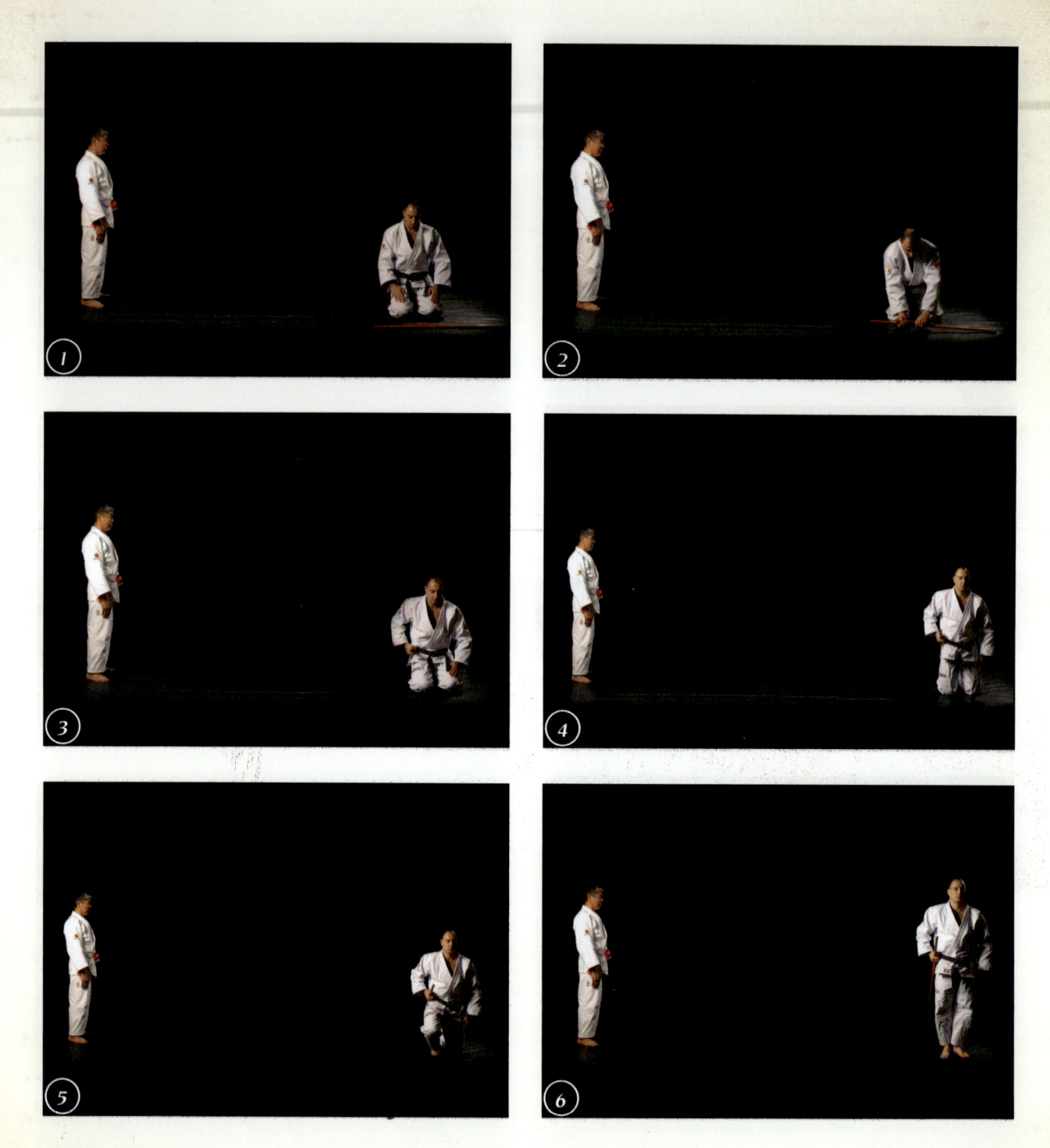

1 – Terminado o haimen-zuke, o uke retorna ao local em que está o armamento e se ajoelha.

2 e 3 – Depois, o uke pega o tantoo e o jo e os segura com a mão direita.

4, 5, 6, 7 e 8 – O uke se levanta e caminha até onde está a marca que determina a posição de shizen-hontai, na qual se põe de frente para o tori.

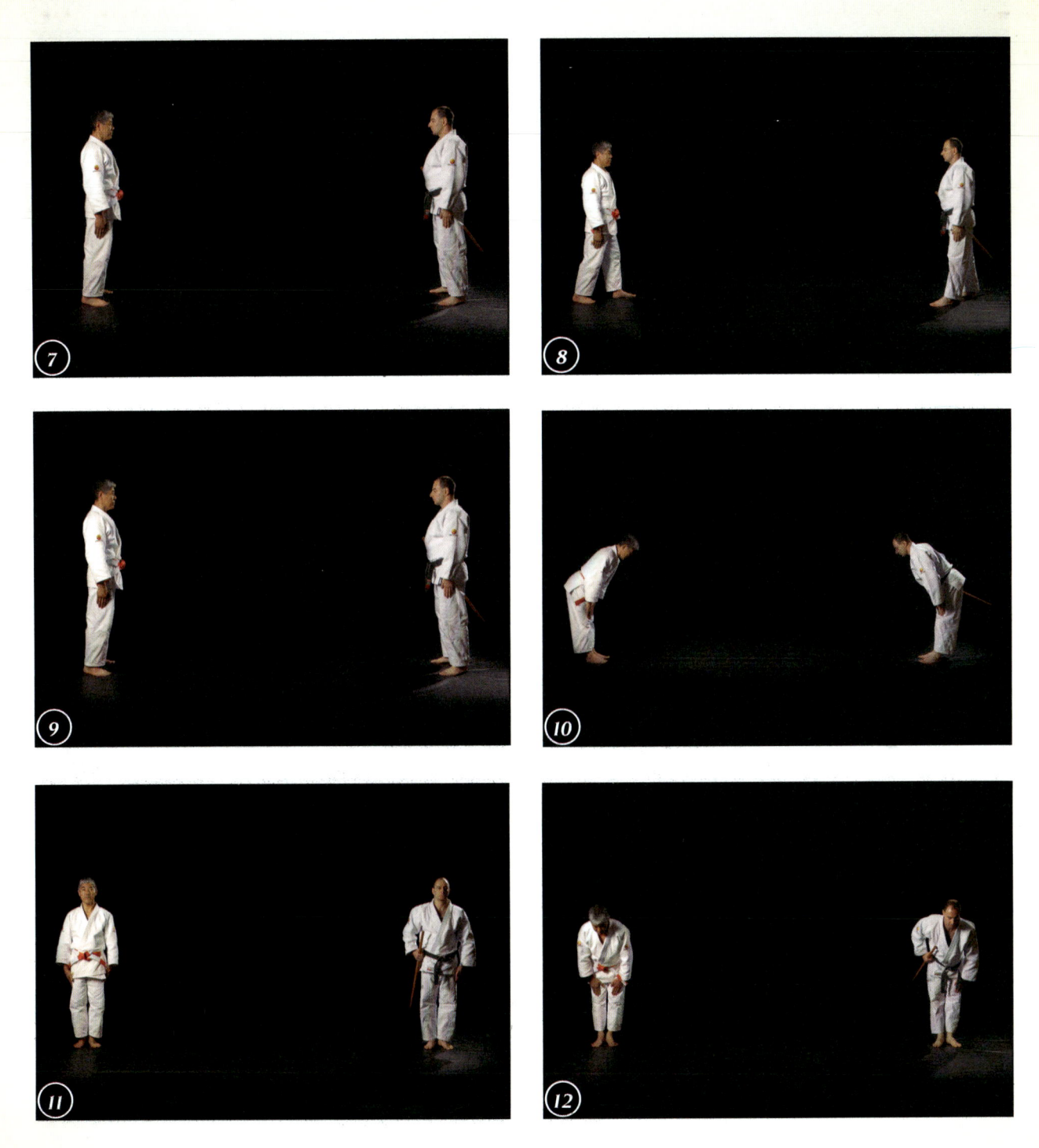

9 – Tori e uke voltam à posição de chyokuritsu.

10, 11, 12, 13 e 14 – Cumprimentam-se; viram-se para o joseki e cumprimentam-no; saem da área de luta e fazem saudação a ela.

CAPÍTULO 5

KOSHIKI-NO-KATA

O koshiki-no-kata é um dos kata mais antigos e já era praticado antes da fundação do judô, pelos samurais durante a Era Edo. Vê-se, pela forma como os movimentos são realizados, desde o cumprimento que inicia o kata até os movimentos que o encerram, que é como se o uke e o tori estivessem usando armaduras. Ou seja, trata-se de um kata que simula o combate entre dois samurais trajando suas armaduras.

Omote (à frente)

- Tai
- Yume-no-uchi
- Ryokuhi
- Mizu-guruma
- Mizu-nagare
- Hikiotoshi
- Ko-daore
- Uchi-kudaki
- Tani-otoshi
- Kuruma-daore
- Shikoro-dori
- Shikoro-gaeshi
- Yudachi
- Taki-otoshi

Ura (atrás)

- Mi-kudaki
- Kuruma-gaeshi
- Mizu-iri
- Ryusetsu
- Sakaotoshi
- Yukiore
- Iwanami

Início

1 – O tori, do lado esquerdo do joseki, e o uke, do lado direito, fazem a saudação para entrar na área de apresentação.

2 – Depois, caminham até ficarem a uma distância de seis metros entre si, quando se viram para o shomen e fazem reverência para ele.

3, 4, 5 e 6 – Novamente de frente um para o outro, ajoelham-se e fazem nova saudação.

7 – Ambos voltam a ficar em pé.

Omote

Tai — Golpe 1

1 – Após as saudações, ambos avançam um passo, primeiro a perna esquerda e depois a direita, e assumem a posição de shizen-hontai. Depois, o tori gira 90º no sentido horário, ficando de frente para o joseki.

2 e 3 – Em seguida, o tori avança dois passos e para um breve instante. Depois avança mais um grande passo, sempre com a perna esquerda e depois a direita, e para em shizen-hontai.

4 e 5 – O uke, então, se põe a caminhar – a perna esquerda avança primeiro – na direção do tori. No sexto passo, a perna direita do uke deve estar posicionada à frente do pé esquerdo do tori.

6 – O uke para, segura a parte frontal da faixa do tori com a mão esquerda e a parte de trás da faixa dele com a mão direita; eleva o pé esquerdo à altura do joelho direito do tori e, na volta, aproveita o movimento para trazer o tori próximo ao seu quadril direito e agir como se fosse tentar aplicar-lhe um koshi-waza (técnica de quadril).

7 – O tori envolve o uke ao colocar a mão esquerda nas costas dele, à altura da faixa, e a mão direita no lado esquerdo do peito dele, desequilibrando-o para trás.

8, 9 e 10 – O tori conduz o uke para a diagonal esquerda, fazendo o kuzushi, e o projeta nas suas costas, ajoelhando a perna direita.

11 e 12 – O uke faz o ukemi, batendo o braço esquerdo. Depois, senta e coloca as mãos nas próprias coxas. Ao mesmo tempo, o tori coloca a mão esquerda sobre o joelho esquerdo e movimenta a perna esquerda lateralmente para a esquerda – postura chamada de kurai-dori. Ambos se levantam e voltam às suas posições.

Yume-no-uchi — Golpe 2

1 – O segundo golpe começa com o tori já à diagonal esquerda do uke e de frente para o joseki.

2 e 3 – O uke volta a se aproximar do tori, segura a parte frontal de sua faixa com a mão esquerda, a parte de trás da faixa do tori com a mão direita, eleva o pé esquerdo à altura do joelho direito do tori e age novamente como se fosse tentar uma técnica de quadril.

4 – O tori envolve o uke com o braço esquerdo, levando a mão esquerda à parte de trás da cintura do uke – à altura da faixa –, enquanto coloca a mão direita no peito esquerdo dele.

5 e 6 – O tori conduz o uke para a diagonal esquerda e tenta desequilibrá-lo para trás, mas o uke recua a perna esquerda e resiste ao movimento.

7 – O tori levanta o braço esquerdo da cintura para a escápula, vira de frente para o uke, desloca a mão direita do peito para o lado interno do braço esquerdo, à altura do cotovelo, desequilibrando-o para a frente.

8 e 9 – Assim que o desequilíbrio é realizado e o uke é posto na ponta dos pés, o tori recua a passos curtos e rápidos e deita para trás, para fazer a projeção. O uke, por sua vez, também avança a passos curtos e rápidos, coloca o pé direito perto da axila direita do tori e faz o ukemi, passando por cima do tori, para num só movimento se pôr em pé.

10 – O tori permanece no chão por alguns instantes, mantendo as pernas e os braços afastados.

Ryokuhi — Golpe 3

1 – O tori, à esquerda do joseki, e o uke, à direita, se posicionam no centro da área a uma distância de aproximadamente noventa centímetros entre si.

2 – O uke avança um passo, com a perna direita e tenta pegar a faixa do tori com as duas mãos.

3 – O tori se esquiva, girando o tronco; recua a perna direita; afasta o quadril e, com a mão esquerda, segura o punho direito do uke.

4 – O tori coloca a mão direita na altura do cotovelo direito do uke e o gira para a direita; levanta o braço direito, desloca a mão esquerda do punho para o braço esquerdo, conduz o uke para a lateral direita e o suspende.

5 – O tori solta o uke, que coloca os calcanhares no solo. Nesse momento, o tori coloca a mão direita no ombro direito dele, e a mão esquerda no ombro esquerdo. Em seguida, abaixa o joelho esquerdo, puxando o uke com as duas mãos para baixo e o jogando diretamente para trás.

6 – O uke faz o ushiro-ukemi e logo se senta.

Mizu-guruma — Golpe 4

1 – O tori, à esquerda do joseki, e o uke, à direita, se posicionam no centro da área.

2 – O uke avança a perna direita, tentando pegar a faixa do tori com as duas mãos.

3 – O tori recua a perna direita, segura o punho direito do uke com a mão direita e, com a mão esquerda, puxa o antebraço do uke para a frente e, ao mesmo tempo, para baixo.

4 – O uke resiste e tenta endireitar o corpo. Nesse instante, o tori empurra o antebraço direito do uke na direção da testa dele, coloca a mão esquerda na base das suas costas e o desequilibra para trás.

5, 6 e 7 – Após recuar dois passos, o uke coloca a perna esquerda para trás e resiste ao desequilíbrio.

8 – O tori desloca a mão esquerda da região lombar do uke para a escápula direita, e a mão direita do punho direito para a parte interna do braço esquerdo.

9 – O tori faz o kuzushi para a frente, recua alguns passos curtos e rápidos na diagonal direita e se deita para fazer a projeção.

10, 11 e 12 – Simultaneamente, o uke avança o pé direito, apoiando-o perto da axila direita do tori, passa por sobre o tori e faz o zempo-kaiten-ukemi, pondo-se em pé ao fim do movimento.

Mizu-nagare — Golpe 5

1 – O tori, agora à direita do joseki, e o uke, à esquerda, posicionam-se diagonalmente um em relação ao outro.

2 – O tori e o uke caminham um em direção ao outro. Enquanto caminham, o uke levanta o braço esquerdo à frente e a mão direita para as costas, como se estivesse segurando um punhal.

3 – Ao se encontrarem, o uke avança a perna esquerda e tenta segurar a gola do tori com a mão esquerda. Antes que o uke alcance sua gola, o tori recua um passo com a perna direita, segura a mão esquerda do uke com a mão direita e coloca a mão esquerda na parte interna do cotovelo do uke.

4 – O tori recua a perna direita, ajoelhando-a simultaneamente, e desequilibra o uke, empurrando-o pelo braço esquerdo para a diagonal esquerda dele, à frente.

5 – O uke cai de costas no tatame, depois se senta e coloca as mãos sobre as próprias coxas.

Hikiotoshi — Golpe 6

1 – O tori, à esquerda do joseki, e o uke, à direita, posicionam-se diagonalmente um em relação ao outro.

2, 3 e 4 – O tori e o uke caminham um em direção ao outro. Quando se encontram, o uke avança a perna direita e, com a mão direita, age como se tentasse pegar uma arma na cintura esquerda do tori. O tori, então, segura o punho direito do uke com a mão esquerda e coloca a mão direita na parte interna do cotovelo direito do uke.

5 e 6 – O tori ajoelha a perna esquerda e projeta o uke para a diagonal direita dele.

7 – Após a queda, o uke senta e coloca as mãos sobre as coxas.

Ko-daore — Golpe 7

1 – O tori, à direita, e o uke, à esquerda do joseki, posicionam-se diagonalmente a uma distância de cinco metros entre si.

2 – Eles caminham um em direção ao outro e, antes de se encontrarem, o tori levanta o braço direito, mantendo-o firme, como se sua mão fosse a ponta de uma espada.

3 e 4 – Quando estão prestes a se encontrar, o tori tenta atacar o uke com a mão direita. O uke se esquiva recuando a perna direita. Ao mesmo tempo, segura o punho direito do tori com a mão direita, passa o braço esquerdo pela cintura do tori e tenta aplicar uma técnica de quadril.

5, 6 e 7 – O tori estende o braço direito na altura da testa do uke, desequilibrando-o para trás. Coloca a mão esquerda no nó da faixa do uke. Em seguida, ajoelha a perna esquerda e arremessa o uke.

8 e 9 – Após a queda, o uke se senta e coloca as mãos nas próprias coxas. Enquanto isso, o tori coloca a mão direita sobre o seu joelho direito e movimenta a perna para a direita em kurai-dori.

Uchi-kudaki — Golpe 8

1 – O tori, à esquerda, e o uke, à direita, dispostos diagonalmente entre si, caminham um ao encontro do outro.

2 – Ao aproximarem-se, o tori levanta o braço esquerdo e, com a mão esticada e os dedos unidos como se fossem a ponta de uma espada, ataca o abdômen do uke.

3 – O uke gira para a esquerda e segura o punho esquerdo do tori com a mão esquerda. Rapidamente, puxa o braço esquerdo do tori e tenta aplicar uma técnica de quadril pelo lado direito.

4 – O tori desequilibra o uke ao envolvê-lo com o braço esquerdo, reclinar-se para trás e colocar a mão direita na parte frontal da faixa do uke.

5 e 6 – O tori ajoelha a perna direita e o projeta para trás.

7 e 8 – Após a queda, o uke se senta e coloca as mãos sobre as coxas, enquanto o tori, de sua parte, coloca a mão esquerda no joelho esquerdo e o movimenta para a lateral esquerda (kurai-dori).

Tani-otoshi — Golpe 9

1 – O tori se posiciona no centro da área, de frente para o joseki. O uke se posiciona atrás do tori, um pouco à esquerda. A perna direita do uke fica alinhada à perna esquerda do tori.

2, 3 e 4 – O uke se aproxima do tori e coloca a perna esquerda à frente do tori e a mão esquerda na parte frontal da faixa dele. Ao mesmo tempo, o uke coloca a mão direita no ombro direito do tori e o força para a frente e para baixo. O tori curva o tronco fazendo com que a mão direita do uke escape do seu ombro, a segura tentando aplicar o makikomi. Para não cair, o uke avança a perna direita na frente da perna esquerda do tori.

5 e 6 – O uke tenta se reequilibrar e, nesse instante, o tori endireita o corpo e conduz o uke para a diagonal posterior esquerda, desequilibrando-o.

7 – Em seguida, ajoelha a perna direita e arremessa o uke para trás.

8 – Após realizar a queda, o uke se senta e coloca as mãos nas coxas, enquanto o tori coloca a mão esquerda no joelho esquerdo e o movimenta para a lateral esquerda.

Kuruma-daore — Golpe 10

1 – Como na técnica anterior, o tori se posiciona no centro da área, de frente para o joseki, e o uke atrás do oponente, à esquerda.

2A e 2B – O uke se aproxima do tori, coloca a mão direita na parte de trás do ombro direito dele, a mão esquerda na parte da frente do ombro esquerdo e o gira.

3A e 3B – O tori gira, primeiro sobre a perna esquerda e depois sobre a direita, ficando de frente e um pouco à direita do uke. O tori coloca a mão direita no braço esquerdo do uke, próximo à axila, e a mão esquerda no braço direito dele, também próximo à axila.

4A e 4B – O tori inclina seu corpo para trás, desequilibrando o uke. Em seguida, deita para trás e realiza a projeção do uke, que por sua vez, coloca o pé direito perto da axila direita do tori e faz o ukemi, passando sobre o tori.

5A e 5B – O uke aproveita o impulso da projeção e termina o movimento em pé. O tori permanece deitado por um instante, com as pernas e os braços estendidos e afastados.

Shikoro-dori — Golpe 11

1 – O tori, à esquerda, e o uke, à direita, aproximam-se, no centro da área de apresentação.

2 – O uke avança a perna esquerda e, com a mão esquerda, tenta segurar a parte frontal da faixa do tori.

3, 4A e 4B – O tori evita a pegada, movendo o quadril para trás. Quase ao mesmo tempo, o tori segura o punho esquerdo do uke com a mão direita, empurra-o para a esquerda, coloca a mão esquerda no queixo dele e o empurra, torcendo o pescoço dele para a direita.

5 – O uke se vê forçado a mover a perna direita para trás e gira para a direita.

6 e 7 – O tori coloca a mão direita no ombro direito do uke, a mão esquerda no ombro esquerdo dele, ajoelha a perna esquerda e o puxa fortemente, jogando-o para trás.

8 – Após a queda, o uke se senta e coloca as mãos nas coxas, para depois se levantar.

Shikoro-gaeshi — Golpe 12

1 – O tori, à direita, e o uke, à esquerda, aproximam-se no centro da área de apresentação.

2 e 3 – O uke avança a perna esquerda, segura a parte da frente da faixa do tori com a mão esquerda, recua a perna direita e tenta aplicar uma técnica de quadril pelo lado esquerdo.

4 – O tori avança a perna direita atrás da perna esquerda do uke, cedendo à puxada. Depois, segurando o uke pelo rosto com as duas mãos, desequilibra-o para a direita.

5 e 6 – O uke tenta se reequilibrar, firmando a perna esquerda. É quando o tori coloca a mão direita no ombro direito do uke e a esquerda no ombro esquerdo dele, senta e o puxa fortemente para trás, projetando-o.

7 – Após a queda, o uke se senta e coloca as mãos nas coxas. O tori se mantém sentado, posição assumida ao fim da projeção.

Yudachi — Golpe 13

1 – O tori, à esquerda do joseki, e o uke, à direita, aproximam-se do centro da área.

2 e 3 – A princípio, o tori segura as golas do uke com as duas mãos. Depois, une-as e as segura apenas com a mão direita, deixando o dedo indicador entre elas.

4 – O uke avança a perna esquerda e segura o braço direito do tori na altura do cotovelo.

5, 6 e 7 – O tori recua a perna direita. O uke avança um passo com a perna direita, passa o braço direito pela cintura do tori e tenta arremessá-lo com um golpe de quadril de direita. O tori recua um passo com a perna esquerda, segura o braço direito com a mão esquerda, ajoelha a perna esquerda e puxa o uke para a diagonal esquerda com as duas mãos.

8 – Enquanto ajoelha a perna esquerda, o tori puxa o uke com as duas mãos para a diagonal esquerda posterior.

9A e 9B – Após a queda, o uke se senta e coloca as mãos sobre as coxas.

Taki-otoshi — Golpe 14

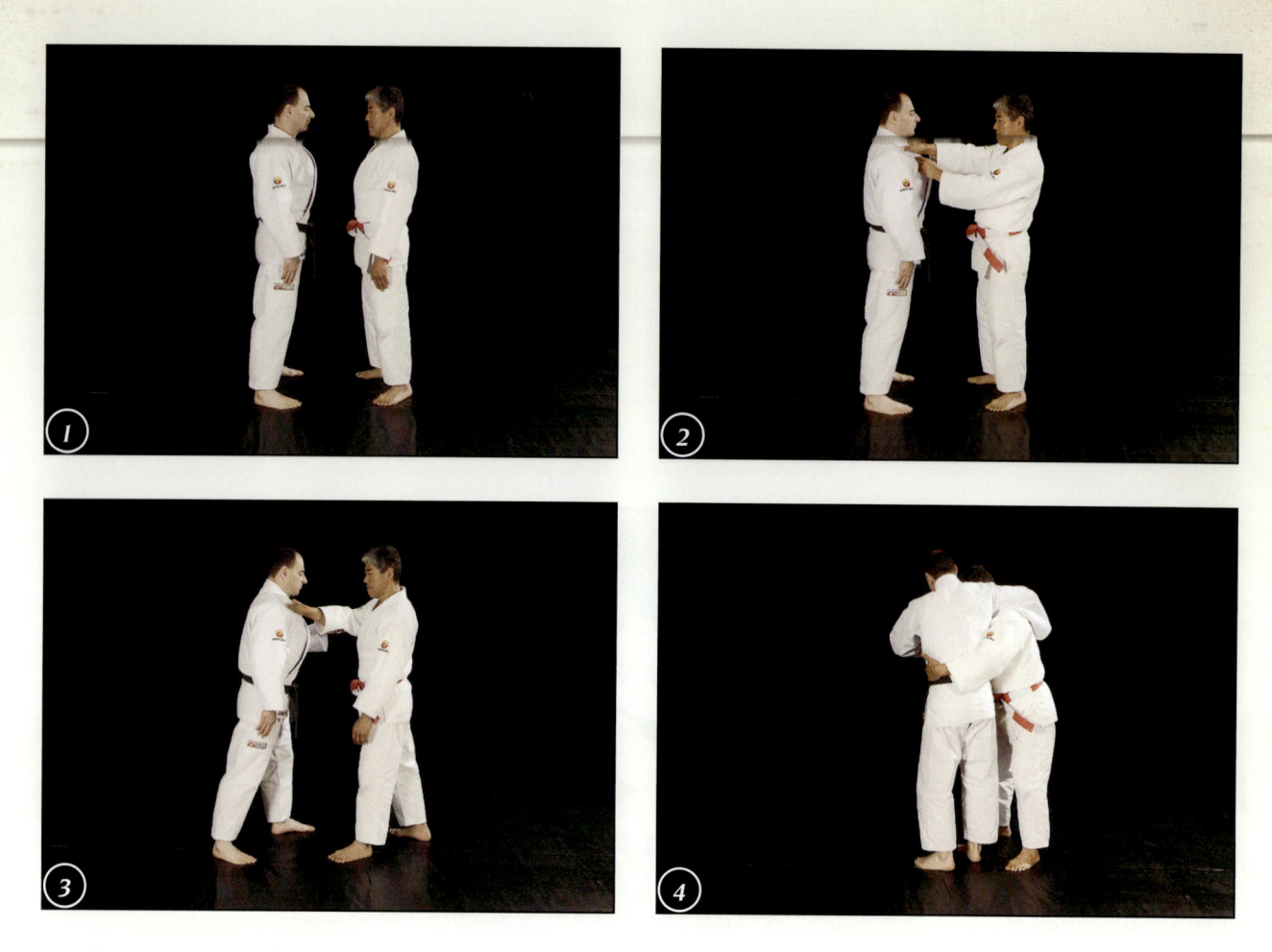

1 – O tori, à esquerda do joseki, e o uke, à direita, posicionam-se um de frente ao outro no centro da área de apresentação.

2 – Como na técnica anterior, o tori segura a gola do uke com as duas mãos, para depois segurar somente com a mão direita, mantendo o dedo indicador entre as golas.

3 e 4 – O uke avança a perna esquerda e segura a manga direita do tori na altura do cotovelo com a mão esquerda. O tori recua a perna direita, enquanto o uke avança a perna direita e passa o braço direito sobre o ombro esquerdo do tori para tentar aplicar uma técnica de quadril pelo lado direito.

5 – O tori coloca o braço esquerdo na cintura do uke, recua a perna esquerda, girando a si mesmo e ao uke para a esquerda, e o desequilibra para trás, realizando kuzushi com a mão direita, que segura a gola do uke.

6 e 7 – O uke resiste afastando a perna esquerda. Nesse instante, o tori levanta o braço esquerdo da cintura para a escápula direita do uke, desequilibra-o para a frente e recua com pequenos e rápidos passos para trás.

8 – O tori se deita e arremessa o uke para trás. Este coloca a perna direita próxima à axila direita do tori e cai passando sobre a cabeça dele.

9 – O uke se levanta imediatamente após a queda, enquanto o tori permanece deitado por alguns instantes com as pernas e os braços afastados.

Ura

Mikudaki — Golpe 15

1, 2 e 3 – O Tori e o uke se posicionam diagonalmente um para o outro. O tori à esquerda, de frente e mais próximo ao joseki. O uke na marca de shizen-hontai e à direita do joseki.

4 e 5 – O uke caminha em direção ao tori e, ao se aproximar, segura com a mão esquerda a parte frontal da faixa, e com a direita a parte de trás dele. Em seguida, eleva a perna esquerda à altura do joelho direito do tori e, ao retornar a perna, aproveita o impulso e tenta aplicar uma técnica de quadril pelo lado direito.

6 e 7 – O tori segura o pulso esquerdo do uke com a mão direita, coloca o braço esquerdo sob a axila esquerda dele e o desequilibra, movendo-se para a diagonal posterior esquerda. Após alguns passos nessa direção, o uke resiste, afastando a perna esquerda.

8, 9 e 10 – O tori aproveita a reação do uke, o qual para se equilibrar força o corpo para a frente, coloca a perna direita do lado direito dele e, deitando-se para trás e fazendo o kuzushi na mesma direção, projeta o uke.

11 – O uke passa sobre o tori, faz o ukemi e termina o movimento pondo-se em pé.

Kuruma-gaeshi — Golpe 16

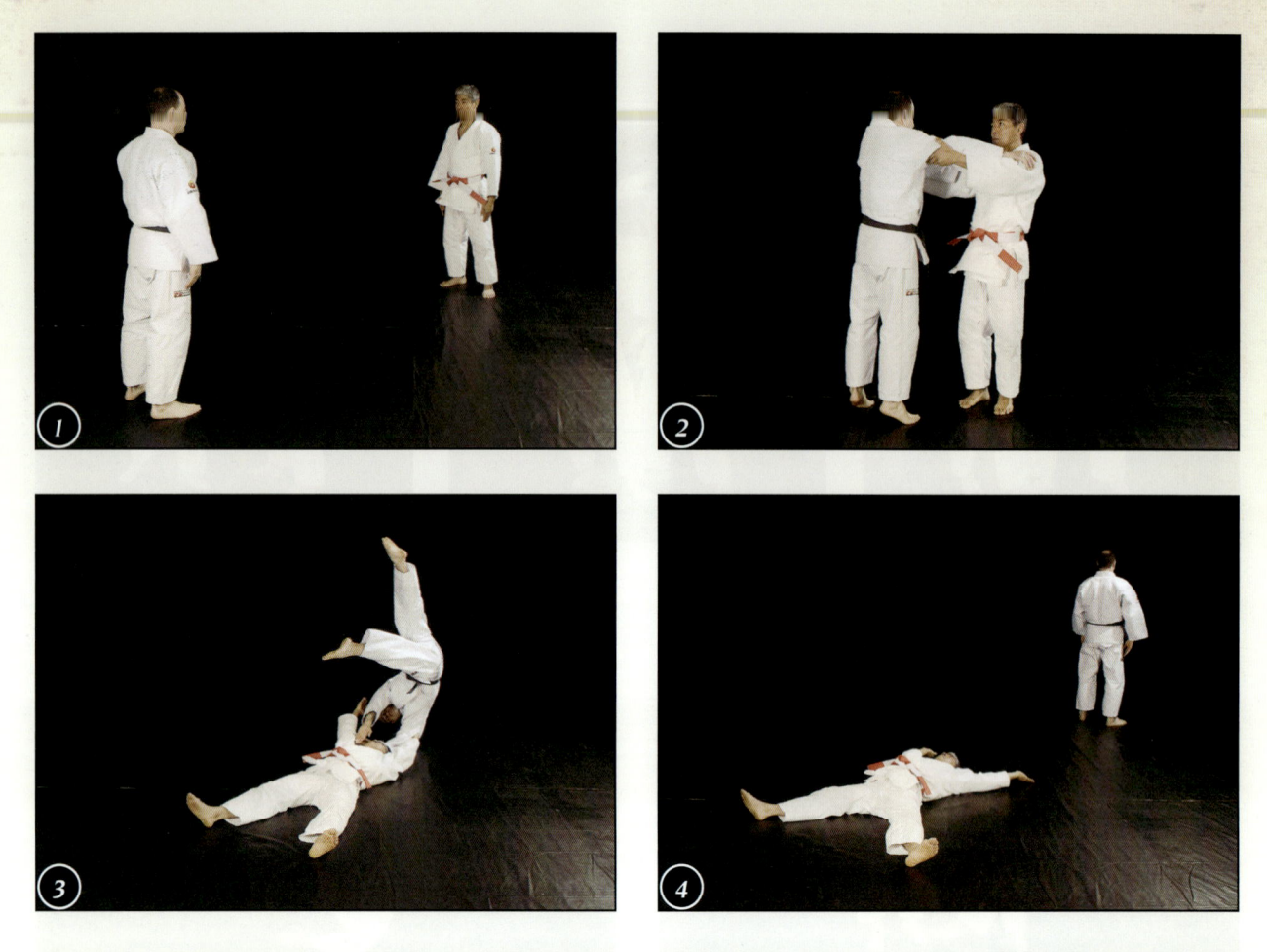

1 – O uke, que se levantou da queda anterior, avança em direção ao tori e tenta empurrá-lo, colocando as duas mãos nos ombros dele.

2 e 3 – O tori, que também já se levantou rapidamente, voltando-se para o uke, antecipa o ataque, coloca a mão direita no braço esquerdo, a mão esquerda no braço direito do uke – ambas quase sob as axilas –, deita-se para trás e projeta o uke.

4 – O uke passa sobre o tori, sofre a queda e se ergue, finalizando o movimento.

Mizu-iri — Golpe 17

1 – Tori e uke, frente a frente, se posicionam diagonalmente um para o outro. O tori à esquerda do joseki, e o uke à direita.

2 – O uke avança em direção ao tori e o ataca com a mão direita.

3 – O tori segura o punho direito do uke por baixo, com a mão esquerda, e o braço direito dele também por baixo, quase na altura da axila, com a mão direita.

4 e 5 – O tori avança um passo com a perna direita para a lateral direita do uke e se deita de costas, arremessando-o.

6 – O uke se ergue rapidamente após a queda.

Ryusetsu — Golpe 18

1 – Tori e uke, frente a frente, se posicionam diagonalmente um para o outro. O tori à direita do joseki, e o uke à esquerda.

2 e 3 – Uke e tori se aproximam. Ao se encontrarem, o tori leva o braço direito, com o punho dobrado para baixo, na direção do rosto uke e vira o punho para cima, com o propósito de acertar o rosto dele. O uke desvia o rosto, erguendo o queixo para cima.

4 – Ao voltar o rosto para frente, o tori dá um passo e se posiciona na lateral direita do uke. Em seguida, segura a gola esquerda dele com a mão direita e, passando a mão esquerda por sob a axila direita do uke, coloca-a na escápula direita dele.

5 – O tori faz o kuzushi para a frente do uke, deita-se de costas e o arremessa.

6 – Ao fim do ukemi, o uke se levanta.

Sakaotoshi — Golpe 19

1 – Tori e uke, frente a frente, se posicionam diagonalmente um para o outro. O tori à esquerda do joseki, e o uke à direita.

2 – Uke e tori se aproximam. Ao se encontrarem, o uke tenta golpeá-lo no estômago com a mão esquerda.

3 – O tori recua a perna direita, segura o punho esquerdo do uke por cima, com a mão direita, e o braço esquerdo, por dentro, na altura do cotovelo, com a mão esquerda.

4 – O tori faz o kuzushi para a diagonal esquerda do uke, arremessando-o lateralmente.

5 – O uke gira sobre a perna esquerda, faz o ukemi e logo em seguida se levanta.

Yukiore — Golpe 20

1 e 2 – O tori se posiciona de costas para o uke e à frente dele. Começa a caminhar para a frente e o uke lhe acompanha.

3 – O uke tenta agarrar o tori pelas costas, passando os braços pela lateral dos ombros dele.

4 – Antes que o uke consiga prendê-lo, o tori segura a manga do braço direito do uke com a mão esquerda e trava o antebraço direito dele com seu braço direito.

5 – O tori aplica um seoi-otoshi, abaixando o joelho direito e projetando o oponente para a frente.

6 – O uke realiza o ukemi e conclui o movimento, pondo-se em pé rapidamente.

Iwanami — Golpe 21

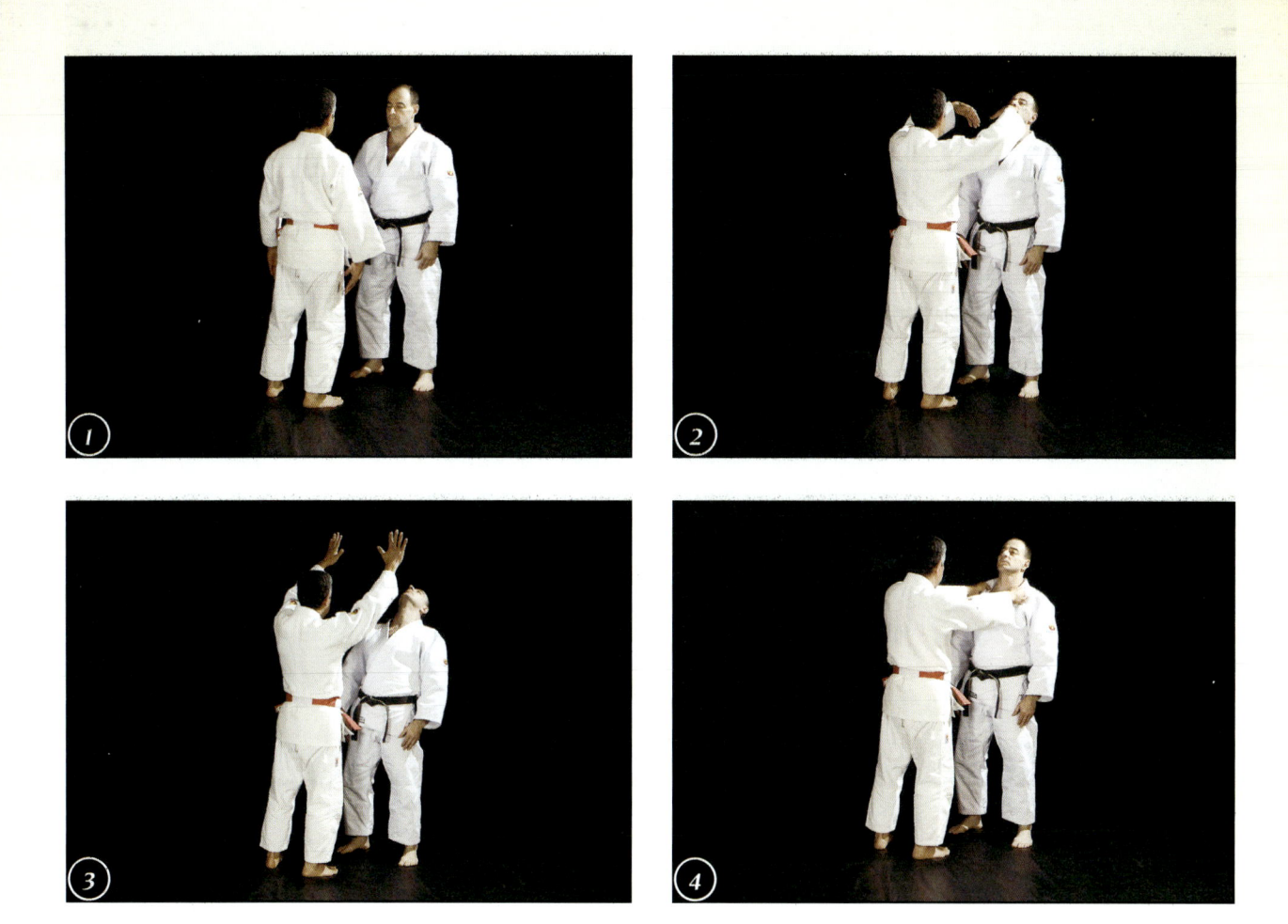

1 – Tori e uke se levantam rapidamente após a queda e se posicionam frente a frente, à esquerda e ao fundo da área de apresentação a partir do ponto de vista do joseki.

2 e 3 – O tori leva as duas mãos à altura do rosto do uke e o ataca com as costas delas. O uke se esquiva, virando o rosto para cima.

4 – Quando o uke abaixa novamente a cabeça, o tori segura a gola esquerda dele com a mão direita e a gola direita com a mão esquerda.

5 e 6 – O tori leva a perna esquerda e depois a direita para a lateral direita do uke, faz o kuzushi para a frente e se deita para trás, arremessando o uke.

7 e 8 – O uke faz o ukemi e termina o movimento em pé. O tori conclui o movimento deitado, com os braços e as pernas afastados.

Final

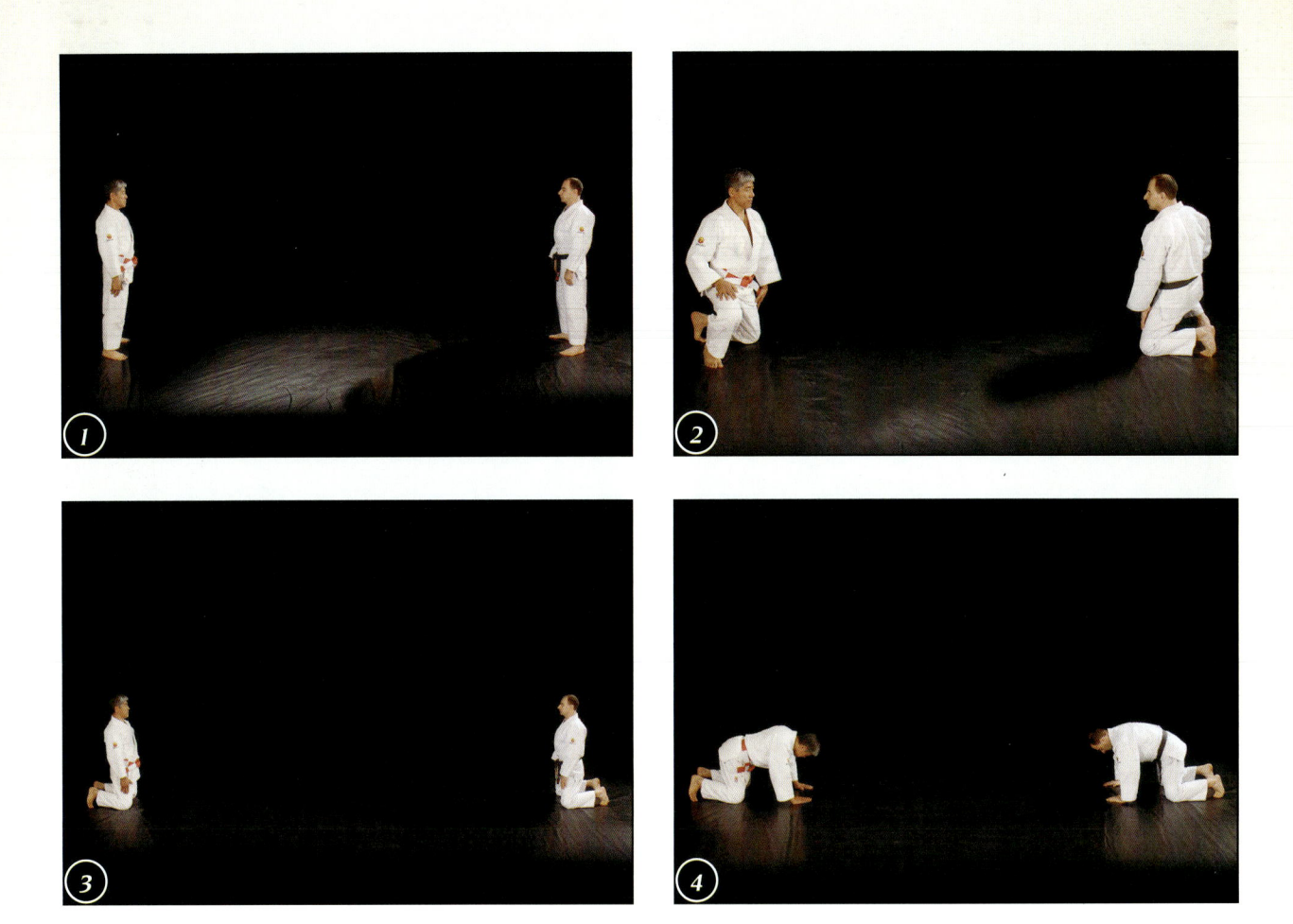

1 – Tori, à esquerda do joseki, e uke, à direita, posicionam-se frente a frente.

2, 3 e 4 – Ambos se ajoelham e se saúdam.

5, 6 e 7 – Os judocas se levantam e fazem saudação ao joseki.

8 – Ambos saem da área de apresentação e fazem saudação a ela.

CAPÍTULO 6

EXTRACOKYO

O extragokyo consiste em um conjunto de golpes que não foi incluído no Gokyo.

Morote-gari (te-waza) — Golpe 1

Princípios gerais

O morote-gari, ou "rasteira com as duas mãos", consiste em o tori, antes de fazer kumi-kata, surpreender o uke agarrando as pernas dele e o projetando.

1 – O tori se posta na frente do uke em posição de shizen-hontai.

2 – O tori avança a perna direita, flexiona levemente os joelhos e reclina o tronco.

3 – O tori cola o ombro direito na região abdominal do uke ao mesmo tempo que também enlaça as pernas dele por trás dos joelhos.

4 – Em seguida, o tori empurra o uke com o ombro e, simultaneamente, suspende as pernas do oponente.

5 – O tori termina o golpe.

Pontos-chave

O tori deve colocar a perna direita entre as pernas do uke e colar bem o ombro no abdômen dele para que o trabalho das mãos seja eficaz.

Yama-arashi (te-waza) — Golpe 2

Princípios gerais

O yama-arashi, cuja tradução é "tempestade na montanha", foi criado por um dos primeiros discípulos do professor Jigoro Kano, Shiro Saigo, mais conhecido por Sugata Sanshiro. Saigo não apenas criou a técnica como foi o único a conseguir aplicá-la com frequência e em torneios oficiais.

1A, 1B e 1C – O tori e o uke fazem kumi-kata cruzado de direita, em que o tori pega a gola do mesmo lado da manga. No yama-arashi, o polegar deve ir por dentro da gola.

2 – O tori pressiona o uke para baixo, para que ele faça força no sentido contrário e permita a abertura de sua guarda.

3 e 4 – O tori puxa a manga do uke, abrindo a guarda dele, adiantando a perna direita e encaixando o cotovelo sob a axila do uke.

5 – O tori traz sua perna esquerda paralelamente à direita e encaixa o quadril.

6A e 6B – Em seguida, o tori varre a perna direita – por fora – do uke, com o quadril encaixado, o qual servirá de alavanca durante a varrida.

7A, 8A, 7B e 8B – Preservando a pegada na gola, o tori realiza a projeção.

Pontos-chave

É importante observar que o kuzushi precisa ser feito para a frente, na gola e na manga, e que a varrida da perna deve ser abaixo do joelho.

Yoko-tomoe-nage (ma-sutemi-waza) — Golpe 3

Princípios gerais

O tori faz a alavanca com uma das pernas, cuja sola do pé é colocada na cintura do uke, projetando o para a lateral correspondente à perna que faz a alavanca. O yoko-tomoe-nage, ou "projeção circular lateral", é uma variação do tomoe-nage.

1 – Feito o kumi-kata de direita, o tori desequilibra o uke para a diagonal direita, puxando a manga dele e avançando a perna direita.

2 – Aproveitando o espaço aberto entre ele e o uke devido à movimentação, o tori coloca a sola do pé esquerdo na cintura do uke, um pouco abaixo da faixa.

3 – Imediatamente depois, deita-se à frente e lateralmente ao uke, puxando-o para o lado direito dele.

4 e 5 – Assim que toca as costas no chão, o tori estende a perna esquerda, que alavancará o quadril e as pernas do uke lateralmente, fazendo-o girar diagonalmente sobre a própria cabeça.

Pontos-chave

O kuzushi deve ser lateral; e a projeção, para o mesmo lado da perna encaixada. No caso do kumi-kata de direita, a perna de alavanca é a esquerda. A perna de apoio deve ficar com a sola do pé bem firme no chão, de modo a conferir maior equilíbrio ao tori.

Kani-basami (yoko-sutemi-waza) — Golpe 4

Princípios gerais

Popularmente conhecido como "tesoura" no Brasil, o kani-basami é proibido em competições por trazer risco de lesões. Valendo-se de ambas as pernas, o tori realiza com uma delas a função da rasteira, enquanto com a outra empurra o uke na direção para a qual deseja projetá-lo.

1 – Segurando apenas com a mão esquerda na manga direita do uke, o tori o puxa para si.

2 – Depois, apoiando a mão direita no chão, o tori estica ambas as pernas, a direita por trás do uke e um pouco acima da altura do tornozelo, e a esquerda à frente do uke e quase na altura da cintura.

3 e 4 – Movimentando a perna esquerda para trás e a direita para a frente do uke, o tori o projeta de costas.

Pontos-chave

É indispensável que a perna que varre vá por baixo e a que empurra por cima, senão o uke será projetado de frente, e não de costas. O kuzushi também deve ser feito de modo a aproximar ao máximo o uke do tori para que a distância não inviabilize a execução do golpe.

Ude-gaeshi (yoko-sutemi-waza) — Golpe 5

Princípios gerais

No ude-gaeshi, cuja tradução pode ser "arremesso com o braço invertido", o tori faz a pegada com a mão esquerda na gola cruzada, ou seja, na gola esquerda do uke, e com a mão direita segura o pulso do uke. Com um jogo de pernas, o tori se deita na diagonal direita do uke e, ao mesmo tempo, o projeta por cima de si. Trata-se de um golpe em que o tori usa um kumi-kata alternativo.

1 – O tori segura a gola cruzada do uke com a mão esquerda.

2 – Depois, agarra o pulso direito do uke com sua mão direita.

3 – O tori cruza a perna direita na frente da esquerda e coloca o pé direito ao lado do pé direito do uke, com a parte externa ladeando a parte externa do pé do uke, sem soltar o kumi-kata.

4 – O tori se deita de costas na diagonal direita do uke, trazendo-o consigo.

5 e 6 – Por meio da manutenção do kumi-kata, o tori faz com que o uke seja projetado, passando sobre si.

Pontos-chave

A pegada cruzada na gola com a mão esquerda exige que o polegar fique por fora do wagi, enquanto os demais dedos, por dentro. Do princípio ao fim, o golpe deve ser executado com a pegada cruzada, e a mão direita, nesse caso, precisa segurar o pulso direito do uke.

Tama-guruma (yoko-sutemi-waza) — Golpe 6

Princípios gerais

Esse golpe de sacrifício, cuja tradução seria "girar como uma bola ou girar sobre uma bola", consiste em o tori projetar o uke sobre sua cabeça depois de realizar o kuzushi pela manga, sentar-se, estender a perna esquerda como obstáculo à frente do uke e como ponto de equilíbrio e, simultaneamente, usar o braço direito como alavanca.

1 – O tori e o uke fazem kumi-kata de direita.

2 – O tori recua a perna direita e puxa o uke à frente pela gola.

3 e 4 – Fazendo kuzushi à frente do uke pela manga, o tori estende a perna esquerda como obstáculo e como ponto de equilíbrio para si à frente do uke, até sentar-se. Simultaneamente, coloca as costas da mão direita na altura do joelho do uke para com o mesmo braço fazer a alavanca de projeção.

5 e 6 – O tori projeta o uke sobre sua perna esquerda.

Pontos-chave

A velocidade da quebra da própria postura em complemento ao kuzushi frontal é indispensável para que a alavanca executada pelo braço direito tenha eficácia. Vale salientar que é a parte externa da mão direita do tori que entra em contato com a perna do uke, com a qual se tem mais força para realizar a alavanca.

Variação de seoi-nage (te-waza) — Golpe 7

Princípios gerais

"Carregar nas costas com pegada cruzada" é como poderíamos entender kata-eri-seoi, uma variação do morote-seoi-nage, em que o tori segura a gola invertida do uke com uma das mãos, puxa a manga para a frente com a outra e encaixa o cotovelo sob a axila do uke.

1 – Em vez de pegar a gola direita do wagi do uke, o tori pega a gola esquerda, com o polegar por fora e os demais dedos por dentro da gola. O tori realiza o kumi-kata cruzado ao mesmo tempo que puxa o uke e avança o pé direito.

2 – O tori inicia o giro do tronco, para flexionar as pernas e encaixar o quadril e o cotovelo sob a axila do uke.

3 – Com as pernas flexionadas de modo que sua faixa fique abaixo da faixa do uke, o tori encaixa o quadril e o cotovelo e, com a manutenção do kuzushi na manga, traz o uke às costas.

4 e 5 – Usando as pernas como alavanca, o tori ergue o uke nas costas e faz o kake para projetá-lo por sobre seu ombro direito.

Pontos-chave

Colar as costas ao peito do uke, flexionar as pernas para o encaixe correto do quadril e encaixar o cotovelo sob a axila do uke são atributos importantes para que a técnica seja bem executada.

Kawazu-gake (yoko-sutemi-waza) — Golpe 8

Princípios gerais

No kawazu-gake, "golpe de Kawazu" o tori, se for destro, deve enganchar a perna direita na perna esquerda do uke e fazer o kuzushi para trás e sobre a perna enganchada. Simultaneamente, o tori alavanca a perna em gancho para a frente, projetando o uke de costas. É importante informar que o kawazu-gake é uma técnica proibida, já que traz riscos de lesão aos praticantes.

1A e 1B – Feito o kumi-kata de direita, o tori engancha a perna direita na perna esquerda do uke, colando o peito do pé à panturrilha dele.

2A, 3A, 2B e 3B – Puxando a manga para si e a gola para trás, o tori se posiciona lateralmente ao uke e alavanca a perna enganchada para a frente.

4A, 4B – Caindo junto e lateralmente, o tori projeta o uke de costas.

Pontos-chave

O peito do pé do tori atingir a panturrilha do uke e o posicionamento lado a lado e próximo são essenciais.

Kibisu-gaeshi (te-waza) — Golpe 9

Princípios gerais

O "derrubar pelo calcanhar", como poderia ser traduzido, consiste em o tori aproveitar o instante em que o uke avança uma das pernas e pegar o calcanhar dele, geralmente com a mão que segura a gola, e, ao suspender essa perna a ponto de deixá-la sem condições de contrapor força, empurrar o uke, pela manga, para o lado cujo apoio foi tirado e para trás, ou seja, diagonalmente.

1 – O tori e o uke fazem kumi-kata de direita.

2 – O tori recua a perna direita, fazendo o uke avançar, e simultaneamente coloca sua perna esquerda paralela à perna direita do uke.

3 – Rapidamente, o tori ajoelha com a perna direita e, ao mesmo tempo, usa a mão que segurava a gola para apanhar o calcanhar do uke.

4 – Apanhado o calcanhar, o tori deve o erguer o máximo que puder, enquanto desequilibra o uke para o lado cujo apoio foi tirado e para trás, até projetá-lo.

Pontos-chave

O tori deve puxar o uke para si antes de ajoelhar-se, o que por sua vez deve ser feito com o máximo de velocidade. Ao puxar o uke, ele naturalmente fará força em contrário, facilitando o desequilíbrio na manga e no calcanhar.

Kuchiki-taoshi (te-waza) — Golpe 10

Princípios gerais

O kuchiki-taoshi, que poderia ser traduzido por "derrubar como a um tronco seco", é um te-waza em que o tori, com a mão que segurava a gola, suspende uma das pernas do uke pelo joelho e realiza, com a mão que segurava a manga, o kuzushi para o mesmo lado cuja base foi tirada e para trás.

1 – O tori e o uke fazem kumi-kata de direita.

2 – O tori recua a perna direita, fazendo o uke avançar primeiro a perna esquerda.

3 – Em seguida, o tori faz o uke avançar a perna direita.

4 – Com velocidade, o tori flexiona ambas as pernas e apanha o joelho direito do uke com a mão direita.

5 – Desequilibrando o uke para a direita, por meio de kuzushi realizado na manga, o tori levanta o máximo que puder a perna direita do uke.

6 – O tori projeta o uke de costas.

Pontos-chave

Puxar o uke para a frente, de modo que ele imponha resistência – ficando vulnerável ao desequilíbrio para a diagonal direita posterior – e que se possa estar o mais próximo possível dele, é fundamental para que o tori consiga desequilibrá-lo sem se desequilibrar.

Ippon-seoi-nage (te-waza) — Golpe 11

Princípios gerais

Golpe eficaz em competições e que integra o nage-no-kata, o ippon-seoi-nage, ou "carregar e arremessar por um braço", consiste em o tori carregar o uke nas costas, depois de realizar o kuzushi para a frente puxando a manga do uke e, sem segurar na gola, encaixar a articulação do braço direito (no caso de o tori ser destro) sob a axila do uke, prendendo-a firmemente o mais próximo ao tronco possível.

1 – O tori e o uke fazem kumi-kata de direita.

2 – O tori recua a perna direita, fazendo o uke avançar a perna esquerda.

3 – Em seguida, o tori puxa a manga do uke e, simultaneamente, encaixa a articulação do braço direito sob a axila do braço direito do uke.

4 – O tori gira sobre seu pé direito, cola o peito do uke nas suas costas, flexiona as pernas de maneira que sua faixa fique abaixo da faixa do uke e, ao mesmo tempo, encaixa o quadril.

5 – Estendendo as pernas e flexionando o tronco, o tori carrega o uke.

6 e 7 – Realizando o kake por meio dos braços e do giro do tronco, o tori projeta o uke por sobre seu ombro direito.

Pontos-chave

Ao encaixar a articulação do braço direito sob a axila do uke, o tori deve trazer o cotovelo o mais próximo da lateral de seu tronco. Para executar esse movimento prendendo com firmeza o braço do uke, o tori deve girar a mão direita de modo que a lateral externa dela fique voltada para dentro.

Kouchi-makikomi (ma-sutemi-waza) — Golpe 12

Princípios gerais

O "pequeno rolamento interno", como poderia ser traduzido, consiste em o tori entrar por baixo do uke, enganchar a perna direita na perna direita dele e realizar o kuzushi para baixo, com uma das mãos na perna enganchada do uke e a outra na manga dele, e para trás, com o ombro colado ao abdômen do oponente.

1 – O tori e o uke fazem kumi-kata de direita.

2 – O tori recua a perna direita, fazendo com que o uke avance a perna esquerda.

3 – Em seguida, recua a perna esquerda de forma mais acentuada e faz também com que uke avance sua perna direita.

4 – Aproveitando o espaço entre as pernas do uke, o tori flexiona as suas, aprofundando a perna direita por baixo do uke. Ao mesmo tempo, mantém o kumi-kata na manga, mas leva a mão da gola por detrás do joelho direito do uke.

5 – Com a perna direita, o tori engancha a perna do uke abaixo do joelho.

6 – Simultaneamente, o tori faz o kuzushi para baixo da manga, puxa para a frente a perna enganchada e empurra com os ombros o uke para trás.

7 – Finalmente, o tori projeto o uke.

Pontos-chave

É importante que o braço direito do tori, cuja mão segurará a perna direita do uke, passe por baixo do braço direito do uke, cuja manga deve estar sob o domínio do tori, que, por sua vez, deve forçá-la para baixo. A curta rasteira executada pelo pé direito do tori e o empurrão dado com os ombros para trás no uke devem ser simultâneos.

Osoto-otoshi (ashi-waza) — Golpe 13

Princípios gerais

Na "grande derrubada de corpo externa", como poderíamos traduzir osoto-otoshi, o tori, se for destro, realiza o kuzushi para a diagonal direita atrás. Ao mesmo tempo, encaixa, entre as pernas do uke, a perna direita de forma aprofundada e apoia firmemente o pé no chão. Usando os braços e também o tronco, faz o kake na mesma direção do kuzushi.

1 – O tori e o uke fazem kumi-kata de direita.

2 – O tori recua a perna direita, fazendo com que o uke avance a perna esquerda.

3 – O tori recua a perna esquerda e faz com que o uke avance a perna direita.

4 – Fazendo o kuzushi, para a diagonal direita atrás, o tori ergue a perna direita ao lado direito do uke como se preparasse a varrida da perna direita do uke.

5A e 5B – O tori varre parcialmente a perna do

uke, estacando, com a ponta dos pés firme no cháo, sua perna direita entre as pernas do uke.

6 – O tori realiza o kake com os braços e o tronco na mesma direção do kuzushi.

7 – O tori projeta o uke de costas.

Pontos-chaves

O desequilíbrio precisa ser feito com bastante vigor, já que a projeção se dá, sobretudo, em função dos movimentos dos braços e do tronco. A perna, contudo, deve ser aprofundada ao máximo, sem comprometer o equilíbrio do tori.

Seoi-otoshi (te-waza) — Golpe 14

Princípios gerais

Seoi-otoshi, que pode ser entendido como "colocar nas costas e derrubar", consiste em o tori segurar a gola do uke com uma das mãos, puxar a manga para a frente com a outra e encaixar o cotovelo sob a axila dele. Para finalizar a técnica, o tori ajoelha a perna direita, se for destro, e puxa o uke para baixo, projetando-o.

1 – O tori e o uke fazem kumi-kata de direita.

2 – O tori recua a perna direita, fazendo com que o uke avance a perna esquerda.

3 – O tori recua perna esquerda e faz com que o uke avance a perna direita.

4 – O tori coloca o braço direito sob a axila do uke sem soltar a pegada na gola e mantendo o punho reto. Simultaneamente, flexiona as duas pernas, encaixa o quadril e traz o uke sobre suas costas, puxando-o para a frente.

5 – O tori ajoelha a perna direita.

6 e 7 – Puxando o uke para baixo, o tori faz com que ele seja projetado por sobre seu ombro direito.

Pontos-chave

É essencial que a puxada seja feita para baixo, do contrário, não caracteriza seoi-otoshi.

Tawara-gaeshi (ma-sutemi-waza) — Golpe 15

Princípios gerais

Muito usado como kaeshi-waza para morote-gari, o tawara-gaeshi, o qual podemos entender como "jogar igual a um saco de arroz", é uma técnica em que o tori aproveita a postura defensiva do uke, envolve o tronco dele com os dois braços, cujas mãos se juntam na altura do abdômen do uke, para depois deitá-lo para trás e projetá-lo sobre a própria cabeça.

1 – O tori e o uke fazem kumi-kata de direita.

2 – O tori força o uke a tomar uma posição defensiva.

3 – Em seguida, o tori aproveita para envolver o tronco do uke com os braços, mantendo a cabeça dele na sua lateral direita.

4 – O tori aproxima as pernas, flexionadas.

5 e 6 – O tori se deita para trás, trazendo consigo o uke e o projetando sobre sua cabeça.

Pontos-chave

Pode-se destacar a importância de envolver de forma justa o tronco do uke e a necessidade de manter a cabeça dele na lateral direita e não no meio do abdômen, em razão do risco de lesão na coluna cervical.

Hikikomi-gaeshi (ma-sutemi-waza) — Golpe 16

Princípios gerais

O hikikomi-gaeshi pode ser entendido como a "técnica que faz a transição da luta em pé (tati-waza) para a luta no solo (ne-waza)". Quando foi criado, o hikikomi-gaeshi tinha por função, apenas, realizar a transição.

1 – O tori e o uke fazem kumi-kata de direita.

2 – O tori força o uke a tomar uma posição defensiva.

3 – O tori encaixa seu braço esquerdo por baixo da axila direita do uke.

4 – A mão direita do tori agarra a faixa do uke.

5 – O tori leva sua perna esquerda entre as pernas do uke.

6 – O tori encaixa a perna direita na virilha esquerda do uke.

7 e 8 – O tori se deita para trás, trazendo consigo o uke e o projeta sobre sua cabeça.

Pontos-chave

Vale destacar que essa técnica só pode ser aplicada quando o uke está na posição defensiva.

Sode-tsuri komi-goshi (koshi-waza) — Golpe 17

Princípios gerais

No sode-tsuri komi-goshi, que poderia ser entendido como "suspender pela manga e encaixar o quadril", o tori literalmente suspende o uke pela manga, encaixa o quadril e o projeta.

1 – O tori e o uke fazem kumi-kata de direita.

2 – O tori recua a perna direita, fazendo com que o uke avance a perna esquerda.

3 – O tori faz com que o uke avance a perna direita paralelamente à esquerda e, simultaneamente, suspende o braço direito dele com o seu braço esquerdo.

4, 5A e 5B – Em seguida, o tori encaixa o quadril.

6 e 7 – O tori projeta o uke por sobre o ombro esquerdo.

Pontos-chave

Essa técnica pode ser aplicada com o tori segurando as duas mangas do uke.

CONCLUSÃO

Neste terceiro livro, a jornada literária por *Uruwashi*: o espírito do judô termina, mas o caminho pelo conhecimento dessa arte, fundada há quase 140 anos, com raízes que remontam milênios de valores morais combinados a técnicas marciais, não tem fim.

Falar de judô é, acima de tudo, falar de uma obra que estará sempre inacabada. Há sempre o que realizar, porque, mais do que ensinar técnicas de autodefesa, mais do que um esporte, o judô, como diz seu nome, é um caminho de autoaprimoramento, de cultivo do que se tem, na essência, de mais humano dentro de si.

Não se trata de sobrepujar o adversário, mas sim de autocompreender-se e, por meio da autocompreensão, vencer-se, respeitar-se e, assim, aprender a importância de respeitar o outro.

O autoaperfeiçoamento almejado pelo judoca nada mais é do que um caminho pelo qual desenvolverá competências que o tornarão útil não apenas a si mesmo, mas, também, aos outros e à sociedade. *Jita-kyoei*, "bem-estar e prosperidade mútua", eis a finalidade do judô e que deve ser também a do verdadeiro judoca. Em grande medida, o nome desta obra, *Uruwashi*, traduz essa essência, esse espírito.

O fato é que a vida é um adorável desafio, em que nos vemos obrigados a buscar equilíbrio entre as necessidades básicas, isto é, em garantir a nossa sobrevivência, e prevalecer – o que soa bélico –, mas vale ressaltar que, sem a paz fraterna, sem consideração humana pelo nosso adversário nessa disputa sem fim, luta nenhuma faz sentido.

Por isso, embora a teoria, os livros e as outras formas de troca de conhecimento sejam extremamente válidas, o aprendizado do judô se faz na prática, em qualquer lugar, e não apenas no tatame. De pouco vale um campeão nos tatames que não seja um homem generoso na vida.

Sendo assim, é importante dominar as técnicas, para o que esta obra também contribui, porém, mais importante é incorporar, ao longo da vida, o espírito do judô. *Uruwashi* para todos nós!

Sensei Rioiti Uchida (7º Dan)

Sensei Rioiti Uchida nasceu na cidade de Tapiraí, interior de São Paulo, de onde saiu para a capital do estado aos 14 anos. "Não sabia o que queria nem o que encontraria, mas achava que não poderia ser menos do que tinha em Tapiraí. Por isso vim." Em São Paulo, descobriu, na prática, o judô e encontrou na arte marcial o caminho de que precisava para viver como queria, preservando os valores e princípios que tinha. Seu sensei foi ninguém menos que Chiaki Ishii, lenda do judô brasileiro, responsável pela primeira medalha olímpica do país na modalidade (medalha de bronze), em 1972, em Munique, Alemanha.

Em São Paulo, Uchida casaria, teria dois filhos (ambos judocas e faixas-pretas hoje) e encontraria outras figuras importantes para sua incrível trajetória no judô, como os senseis Massao Shinohara e Mario Matsuda, que com seus profundos conhecimentos técnicos ajudariam Uchida e sensei Luis Alberto dos Santos a se tornarem uma das melhores duplas de kata da história do esporte em todo o mundo.

"O judô se transforma o tempo todo do ponto de vista técnico. Mas, por meio do kata, mantém sua raiz técnica. O kata é o judô como Jigoro Kano o concebeu; é a forma original, a fonte, criada justamente para que nós, judocas, não nos esqueçamos de suas raízes." O primeiro contato de Uchida com o kata foi em 1983, e o primeiro título mundial de kata veio dezoito anos depois, em Phoenix, Estados Unidos. Hoje, são quinze títulos mundiais de kata, sem contar as dezenas de títulos pan-americanos, sul-americanos, brasileiros, paulistas e de Jogos Abertos do Interior.

Uchida não se envaidece dessas conquistas, porque tem certeza de que o judô permite e deseja que seus praticantes alcancem conquistas maiores. "Todo professor quer que seus alunos vençam campeonatos. Eu não sou diferente, mas tenho consciência de que há vitórias maiores. Cada pessoa tem seus próprios limites e minha função, como professor, é auxiliá-las a superá-los. Superar o próprio limite é a maior vitória que se pode alcançar."

Talvez essa mentalidade justifique a honraria que recebeu, em 2013, do Kodokan, instituição-mãe do judô, fundado em 1882 por sensei Jigoro Kano. Uchida foi reconhecido pela entidade como 6º dan, mesma graduação que, na época, era-lhe conferida pela Confederação Brasileira de Judô (CBJ). Tal reconhecimento do Kodokan é raro, já que a instituição, com sede em Tóquio, costuma conferir aos judocas uma graduação abaixo daquela conferida pelas federações locais.

Atualmente, sensei Uchida é 7º dan e, embora não compita mais, segue se aprimorando – tem feito inúmeros cursos no Kodokan – e trabalhando pelo judô brasileiro, sobretudo por meio do kata. Entre outras funções, Uchida é o coordenador nacional e da Pan-América de Kata junto à Comissão de Kata da Federação Internacional de Judô (FIJ).

Sensei Rodrigo Guimarães Motta (6º Dan)

O paulistano Rodrigo Guimarães Motta conhece bem o significado da palavra "vencedor". É campeão veterano pan-americano, tetracampeão sul-americano e brasileiro, medalhista de bronze em Mundial e premiado em Campeonatos Brasileiros, Sul-Americanos e Mundiais de kata.

Há muitas outras conquistas no tatame, mas as mais expressivas foram obtidas fora dele. Aos 29 anos, Motta sofreu um grave acidente que levou alguns médicos a acharem que ficaria sem os movimentos da perna direita, algo que lhe obrigaria a andar de muletas e cadeira de rodas por toda a vida. "Eu estaria fadado a nunca mais pisar em um tatame", relembra.

Mas graças à fé inabalável e à ojeriza ao conformismo, procurou uma solução e a encontrou com a ajuda do médico e judoca Wagner Castropil. Para retornar aos tatames, precisou fazer doze cirurgias e anos de fisioterapia. Foi depois dessa experiência que conquistou todos os títulos citados acima.

Sensei Motta ama a cultura *samurai*, mas um princípio em especial o encanta bastante: o do *uruwashi*, no qual um homem precisa cultivar, com igual importância, habilidades culturais e marciais. Por longos anos, foi aluno dos professores José e Armando Lechner (*in memoriam*), Rioiti Uchida e Chiaki Ishii.

O judoca é coautor de livros como *Esportismo* e *Uruwashi: o espírito do judô – Vol. 1 e 2*. Foi um dos organizadores da obra *Cartas de um amor à moda antiga*, em que compilou cartas trocadas entre seus avós José e Edith Motta, em 1936. Ainda no mundo das letras, encontrou meios de unir sua paixão pelos livros, estudos e por sua área de atuação profissional, para contribuir à obra *Trade Marketing:* teoria e prática para gerenciar os canais de distribuição.

É formado em administração pública, com pós-graduação em marketing, varejo, filosofia e sociologia, mestrado e doutorado (em andamento) em administração e planejamento.

Motta foi executivo de grandes empresas e, há alguns anos, dedica-se a empreender. Até pouco tempo, era sócio e diretor-comercial da Sucos do bem, função que deixou em 2016, depois da companhia ser vendida à Ambev. No mesmo ano, fundou a RG Motta Consultoria, que apoia algumas das maiores empresas do país na elaboração e execução de programas de vendas e *trade marketing* que visam impulsionar seus principais indicadores, a partir de valores morais e de atitude adquiridos em décadas de prática do judô.

Por outro lado, também empresta suas competências como gestor ao trabalho que realiza nos tatames. Hoje, é presidente da ONG Instituto Camaradas Incansáveis (ICI, uma associação de judocas). "Não gosto de conquistar algo e ficar parado, preso à na zona de conforto que o sucesso proporciona, porque assim perco a chance de alcançar novas vitórias."

BIBLIOGRAFIA

ASSOCIAÇÃO DE JUDÔ ALTO DA LAPA. *Kata*: A raiz do judô. Disponível em: <http://www.judoaltodalapa.com.br/kata.html>. Acesso em: 29 jan. 2018.

BORTOLE, Carlos. Muda a História. *Revista Judô*, São Paulo: Ed. Ippon, n. 12, p. 10-11, set. 1997.

CASTROPIL, Wagner; MOTTA, Rodrigo. *Esportismo*: valores do esporte para o alto desempenho pessoal e profissional. São Paulo: Ed. Gente, 2010.

CBJ – CONFEDERAÇÃO BRASILEIRA DE JUDÔ. *Histórico em competições*. Disponível em: <http://www.cbj.com.br/novo/institucional.asp>. Acesso em: 10 jun. 2009.

CROUCHER, Michael; REID, Howard. *O caminho do guerreiro*: o paradoxo das artes marciais. 11. ed. São Paulo: Ed. Cultrix, 1990.

FRANCHINI, E. *Judô*. São Paulo: Odysseus, 2008.

FROMM, Alan; SOAMES, Nicholas. *Judo*: the gentle way. Londres: Viking Pr, 1982.

HYAMS, Joe. *O zen nas artes marciais*. 12. ed. São Paulo: Ed. Pensamento, 1997.

INSTITUTO NITEN. *Samurai*: a história dos samurais. Disponível em: <http://www.niten.org.br/samurai.htm>. Acesso em: 10 jun. 2009.

KANO, Jigoro. *Energia mental e física*: escritos do fundador do judô. São Paulo: Ed. Pensamento, 2008.

KUDO, Kazuzo. *O judô em ação*. São Paulo: Sol S.A., 1972.

MIFUNE, Kyuzo. *The canon of judo*: classic teachings on principles and techniques. Tokyo: Kodansha International, 2004.

MOSHANOV, Andrew. *Judo*: from a russian perspective. Vaihingen/Enz: Ipa-Verlag, 2004.

MUSASHI, Miyamoto. *O livro de cinco anéis*: guia clássico de estratégia japonesa para os negócios. Rio de Janeiro: Ed. Ediouro, 2000.

REVISTA KIAI. São Paulo: Federação Paulista de Judô (FPJ), 1998, p. 9.

SCHILLING, Voltaire. *Confúcio e o estado ideal*. Terra, [S.l.], [s.d.]. Disponível em: <http://educaterra.terra.com.br/voltaire/politica/2002/11/25/003.htm>. Acesso em: 10 jun. 2009.

_____. *Japão, o último samurai*. Terra, [S.l.], [s.d.]. Disponível em: <http://educaterra.terra.com.br/voltaire/mundo/2004/03/01/001.htm>. Acesso em: 10 jun. 2009.

STEVENS, John. *Três mestres do budo*. São Paulo: Ed. Cultrix, 2007.

SUGAI, Vera Lúcia. *O caminho do guerreiro*. São Paulo: Ed. Gente, 2000. 1 v.

TOMITA, Tsuneo. *Sanshiro sugata*. São Paulo: Ed. Topan Press, 2007.

VIRGÍLIO, Stanlei. *A arte do judô*. 3. ed. Porto Alegre: Ed. Rígel, 1994.

YUZAN, Daidoji. *Bushido*: o código dos samurais. 3. ed. São Paulo: Ed. Madras, 2003.

WILSON, William Scott. *O samurai*: a vida de Miyamoto Musashi. São Paulo: Ed. Estação Liberdade, 2006.

OS AUTORES

Crédito: Biô Barreira

Sensei Rioiti Uchida (7º dan) é diretor-técnico e professor da Associação de Judô Alto da Lapa e uma das maiores referências técnicas do judô internacional, muito conhecido por entender e aplicar o judô como instrumento de educação física, intelectual e moral. Campeão mundial de kata quinze vezes em diferentes modalidades (Nage-No-Kata, Ju-No-Kata, Katame-No-Kata, Kime-No-Kata, Kodokan-Goshin-Jitsu e Koshiki-No-Kata), Uchida é um dos poucos judocas do mundo cuja graduação obtida junto à Confederação Brasileira de Judô (CBJ) é também reconhecida pelo Kodokan Judo Institute, entidade criada em 1882 pelo próprio fundador da arte marcial, sensei Jigoro Kano. O feito prova o reconhecimento internacional de Uchida, já que a graduação de um judoca no Kodokan, normalmente, é um grau inferior à outorgada pela federação local.

ruchida@editoraevora.com.br

Crédito: Biô Barreira

Sensei Rodrigo Motta (6º dan) é medalhista mundial, tetracampeão sul-americano e tetracampeão brasileiro de veteranos em competições de *shiai* (luta). Como bom discípulo de sensei Uchida, também se destaca por conquistas nacionais e internacionais em disputas de kata. Mas seus feitos transcendem a área de luta e se estendem para as letras e os estudos. Formado em administração pública, com pós-graduação e mestrado, Motta é coautor de outros livros, como *Esportismo*, em que trata da influência benéfica dos valores do esporte sobre vários aspectos de nossas vidas. A história de Motta talvez seja o melhor exemplo dessa tese. Depois de uma séria lesão, médicos chegaram a dizer que ele não poderia mais praticar judô. Motta venceu o diagnóstico médico e muitas outras adversidades, dentro e fora do tatame, provando a premissa judoca de que vencer não é jamais cair, mas sempre se levantar.

rmotta@editoraevora.com.br

Este livro foi impresso pela BMF Gráfica em papel Couchê fosco 90 g.